JN025899

データ分析を
ビジネスで使う！

基礎から学ぶ

データ
サイエンス
講座

情報経営イノベーション専門職大学 客員教授

坂本松昭 著

はじめに

　世の中の変化が加速し、顧客の趣味・志向も常に変化を続けています。一方で、IT 技術の進化によって、これまで取得できなかったさまざまなデータも取得できるようになりました。しかし、これらのデータを十分に活用することができずに喘いでいる企業も数多く見受けます。世の中ではデータサイエンティストを求める風潮も強くなっていますが、そのような人材を十分に確保できる企業はいまだに少ないといえるでしょう。

　データサイエンスの守備範囲は大変に広く、使われる数理技術も高度なものも数多くありますが、その根底に流れる基本的な考え方や向かっている方向を正しく捉えることができれば、複雑怪奇で謎めいた印象のあるデータサイエンスの世界も、誰でも容易に見渡せるようになります。

　そこで本書では、データサイエンスの扱う基礎的な問題を取りあげ、丁寧に解説することにしました。本書を読めば、データサイエンスの流れがわかるだけでなく、基礎的な考え方が身につき、専門家を前にしても十分に対話できるレベルにまで知見を広げることができるはずです。

　本書は大きく 4 部構成をとりました。
　第 1 部では、入門編として、データ分析の概要やその魅力についてお話します。第 2 部では、初級編として、データ分析によって、人の行動をどこまで把握できるかについて実例を交えながら説明します。第 3 部では、中級編として、データ分析では避けては通れない検定とサンプリングの取り扱いについて詳しく解説します。第 4 部では、上級編として、ビジネスで応用範囲の広い最適化技術について説明します。ここでは、理論的な内容にも相当に

深く踏み込んで説明し、さまざまな適用事例を交えながら最適解を探る方法を説明します。おおよその最適解を探ることは、ビジネスの意思決定においては不可欠なものだからです。

　また、データ準備は分析の過程において大変重要な位置を占めますが、その中で特に苦労することの多いデータ欠損への対処方法についても、一歩踏み込んだ考察を加えました。

　これからますます利用範囲が広がっていくであろうデータサイエンスの流れをつかむ解説書として、読者の一助となることを願っています。

2020年8月

坂本　松昭

目　次

【第2部 初級編】

第3講　顧客のライフスタイルを読み解いてみる ······················ 33

第1講

データ分析をビジネスに
活かす方法を考えてみる

CRISP-DM を押さえる

CRISP-DM（CRoss-Industry Standard Process for Data Mining）　は、SPSS、NCR、ダイムラークライスラー、OHRA がメンバーとなっているコンソーシアムにて開発されたデータマイニングのための方法論を規定したものです。

　これは、データマイニングプロジェクトを具体的にどのような手順で進めていくのか、各工程において実施する作業はどのようなものがあるのかを明確に定義しています。一見すると単純そうですが、実体験に基づいたきめ細かなプロジェクト工程が理解でき、その適用の汎用性および柔軟性から多くのデータ分析プロジェクトに採用されています。

・フェーズ 1 : ビジネス状況の把握
・フェーズ 2 : データの理解
・フェーズ 3 : データの準備
・フェーズ 4 : モデル作成
・フェーズ 5 : 評価
・フェーズ 6 : 展開／共有

　データマイニングの標準化手順「CRISP-DM」では、これら 6 つフェーズを繰り返し行います。
　マーケティング担当者が CRM 実現のために行うデータマイニングは、顧客、商品、売上、店舗、Web ログなどのデータから顧客ニーズの傾向をつかむことから始まります。そこから顧客と商品に対しての企業戦略を導き出し、売上予測などを行うことも可能となります。システムはデータ・ウェア

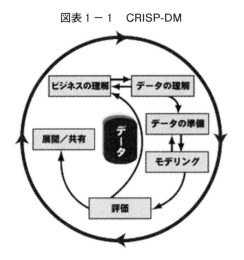

図表1－1　CRISP-DM

ハウスを構築していなくても、データマイニングを始めることができます。

　次項では、データ分析の実際の作業を6つのフェーズに分け、それぞれの
フェーズで行うべき内容と留意点などを簡単にまとめていきます。ぜひ実務
をイメージしながら読み進めてみてください。

　イメージしにくいものとしては、自社内にどのような「データ」が存在
し、それらがどこにどのような形式で格納されているのか、それらをどのよ
うにデータ分析のインプットとするのかというような基礎的なことであるか
もしれません。

　普段、集計処理などで用いている Excel のデータや DBMS（データベース
マネジメントシステム）、あるいは紙のアンケートには記述されているが未
だ電子化されていないデータ（情報）などもあるかもしれません。これらが
分析に適したデータであるか否かを見極める必要もありますが、すべての
データがデータ分析の対象になり得るとの前提に立って、検討を深めていく
必要があります。

データマイニングの実践的な手順

　各フェーズにおいて、データが主役です。ビジネスに精通した担当者や分析担当者は、いわゆる "監督" のような役割と位置づけることができます。

フェーズ1：ビジネス状況の把握

　まずはプロジェクト目標を設定します。企業内における各々の課題を明確にしたうえで、データ分析プロジェクト全体をプランニングします。データ分析を行うことそのものが目的ではありませんので、ビジネス状況をマーケティング担当者の観点から数値として正確に把握し、テーマを選定していくことが肝要です。

　データ分析プロジェクトを効率的かつ効果的に進めるためにはビジネスセンスに依存する部分が大きく、特にこのフェーズ1においてはビジネスエキスパートとして自身が属する業界や自社の状況をつかみ、課題と目標を定義する必要があります。

　具体的なテーマとして、DM のレスポンス率を向上させたい、スイッチャー（退会者）を減少させたい、優良顧客を特定したいというような項目を設定し、目標数値、分析工程のスケジューリングも具体的に示しておくことが大切です。

フェーズ2：データの理解

　データがあるからといって、すぐに分析を始めたり、分析しやすいように
データの加工を始める人がいますが、それよりももっと前にしっかりとデー
タの中身を理解する必要があります。そのうえで、データ分析に利用できる
のかどうか（または、利用すべきかどうか）を吟味する必要があります。

　基本的にはデータ項目、量、品質を把握します。外れ値（データ分布上、
数値的にかけ離れたデータ）や欠損値（ブランクのデータ）などが含まれて
いることも多く、分析に使用できるデータであるか否かを判断する必要があ
ります。また、必要とされるデータ項目が欠落している場合には、データを
集め直す必要があるかもしれません。

　さらに、ここで改めてフェーズ1に立ち返る必要があります。このフェー
ズでの調査結果を踏まえてデータがビジネス目標を達成するのに必要十分な
内容であるかを検討する必要があるからです。使用可能なデータでなけれ
ば、目標に見合った分析ができないという判断をしなければなりません。実
は、ここでの判断がデータ分析の成否を大きく左右します。

　また、システムインフラの課題として、データ処理をするうえでコン
ピュータのスペックがデータ量に適合したものであるかどうかも把握してお
かなければなりません。膨大なデータ量を低スペックなパソコンでデータ処
理することには無理がありますし、データ分析プロジェクトを円滑に進めら
れない原因にもなりますので、注意が必要です。

フェーズ3：データの準備

　データ分析の前処理として、使用可能なデータを分析に適したデータに整
形していきます。これをデータクレンジング（洗浄）と呼びます。

　データの良し悪しによって分析結果が大きく左右されることになりますの
で、結果的にフェーズ2とこのフェーズ3にすべてのデータ分析工程の中で
最も多くの時間を費やすことになります（案外見落とされがちですが、デー

タ分析そのものよりも、データ分析に使用するデータの整備に時間を要することのほうが普通なのです)。

　すでにデータ・ウェアハウスを構築していたとしても、データ分析にとって最良のデータであるとは限りません。ここでの作業は地味で目立たずにコツコツと進めていく工程となりますが、すべての工程の中で最も大切なフェーズです。

　このフェーズでの処理は、大きく以下のようになります。

　①　欠損値処理

　分析対象のデータに欠損値が含まれている場合には、データ演算の正確な処理ができなくなってしまいます。欠損値がブランクとして意味を持つ場合でない限りは、それらを意味のある定数で埋めるか、削除しなければなりません（詳しくは、第8講を参照ください）。

　②　データ型の整備および正規化

　分析手法により量的データ（数値）を必要とする場合と、質的データ（記号）を必要とする場合があり、これらを混在させてはいけません。ここではデータ項目のデータ形式を後続処理に適した形に変換します。

　誕生日データから年齢データへの変換や、商品データと顧客データの結合などもここでの処理となります。また、データの冗長性を排除するための正規化も行います。

　これらにより、繰り返しのある項目の独立化や他項目からの間接演算で得られる同一内容を除去し、信頼性が高く無駄のないデータを作り出すことができます。

　③　サンプリング

　大規模なデータを処理する場合には、状況によってはサンプリングによりデータ件数を絞り込むこともあります。サンプルデータを用いることで、迅速に、全体の概観をつかむことができます。

ただし、サンプリングを適用すべきでない場合もあります。たとえば、購買トランザクションデータから個々人の売上総計を集計して後続処理するような場合や、データの異常値検出処理のような場合には、全件処理が前提となります。

④　その他

アンケートや掲示板などの自由記述文、あるいは雑誌、新聞の記事などを分析データとするテキストマイニングにおいては、これらテキストデータの形態素解析（単語の分かち書き）をしたうえで、データ準備を行う必要があります。

また、Web マイニング（ホームページのアクセスをベースとした分析など）の場合には、Web ログの形式によってその準備方法が異なります。

Note

分かち書き

分かち書きとは、英語のようにことばの区切りに空白を入れる書き方のことです。

漢字カナ交じりの日本語文では通常分かち書きをしませんが、日本語以外の世界の言語では、むしろ分かち書きをするもののほうが多いといえます。

フェーズ4：モデル作成

さて、ここまで準備ができて初めてモデルの作成となります。モデルとは、適した手法を用いて作成され、学術的な裏づけに立脚したデータ処理をするための機能といえます。

モデル作成のための手法は数多くありますが、代表的なものとして、相関分析、回帰分析、マーケットバスケット分析、クラスター分析、遺伝アルゴリズム（GA）、決定木、ニューラルネットワークなどがあります。

本書ではこのうちのいくつかについては簡単に解説しますが、詳細は他書に譲ります。一般的にCRMの実現などの場合には、顧客、商品、市場などを有機的に組み合わせて分類や予測モデル作成を行います。最近では、GA（遺伝的アルゴリズム）などを適用する例も増えています。遺伝的アルゴリズムは、生物界の進化の仕組みをモデル化した最適解の探索手法です。

　いずれにせよ各手法ともに長所もあれば短所もあるため、それらを理解したうえで適切な状況で使い分けていくことが必要です。

　また、万能なデータ分析手法は存在しません。データ分析担当者がテーマごとに適切な分析手法を選択する必要がありますが、現実的には複数の手法で分析を行ったうえで、ビジネス感覚から最も当てはまると考えられるモデルを選択することが多いことも実情です。

　このようなモデル作成には高度な技術と深い見識を要するような印象を持つ読者も多いかもしれませんが、試行錯誤は必要ですが誰でも作り上げていくことのできるものです。

フェーズ5：評価

　モデル作成のフェーズでは、複数の手法を反復的に実施することが普通ですが、同じように、CRISP-DM全体についても各フェーズのプロセスを繰り返し行う必要があります。

　データの中に潜む関連性や特徴がその時々で変化することもあります。そのため、タイムリーで精度の高いモデルを作り続けていかなければ、意思決定に必要なナレッジが陳腐化してしまうことになります。

　このフェーズでは、フェーズ1で明確に定義したビジネス目標を達成するのに十分なモデルであるかを、ビジネスの観点から評価します。評価に際しては、具体的な数値を得るための実験（制約を設定して、分析結果をビジネスに反映する）を行うこともあります。

このフェーズでも、ビジネスエキスパートの役割は重要です。モデル作成の結果をビジネスの展開につなげることが、現実的に有効かどうかを判断する必要があるからです。

フェーズ6：展開／共有

　データ分析した結果をビジネスに適用するための具体的なプランニングを行います。データ分析の結果として、特定の分類に属する顧客にDMを送付したり、商品の陳列を変えたり、という単純なものも含め、利益率の向上や業務効率化を目的としてフェーズ1で設定した目標を達成するための具体的なアクションにつなげていきます。

　このようにデータ分析を実践することは、効果を最大限に引き出すために大変有効なものです。しかしながら、データ分析も万能ではないということにも注意が必要です。

　何らかのデータが存在しているからといって、それをやみくもに分析しても、有益な結果が導かれるとは限りません。データ分析は、その過程においてどのようにデータを加工するのか、数多くの分析アルゴリズムの中でどの手法を用いるのかによって、現実的な有用性のある結果であるかどうかに大きな違いを生みます。また分析結果をどう解釈するかによって、結果を踏まえたビジネスアクションも異なります。

　本書では、これらの現実を踏まえたうえで、データ分析の醍醐味や活用の仕方について解説していきます。

第2講

マーケティングを例として
データ分析の全体像を
眺めてみる

マーケティングにデータを活用すると、何ができるか

　江戸時代の呉服屋の番頭は、顧客の顔と名前だけでなく、その人の好みや購買の履歴を頭に入れておくことで、効果的に商売をしていました。これも、データ活用の一種といえるでしょう。なぜならば、画一的にすべての顧客に対して同じものを勧め、同じ売り方をした場合と、顧客の好みに応じて勧める商品を変えたり、以前買った時期を知ったうえで買い替えを勧めた場合とでは、後者のほうがはるかに稼げる商売になるからです。

　それでは、現代においてのデータ活用とは何でしょうか？　本質的にはこの呉服屋の例と何ら変わりません。ただ、取得できるデータの種類や量が増えたために、より精度が高く顧客の好みを把握したり、顧客の買うタイミングを推定したりできるようになっただけなのです。

　顧客の好みやニーズは多様化し、商品サイクルも短くなっていることから、よりタイムリーに顧客のニーズに対応する必要があります。一方で、企業の側も多くの市場において成長が停滞し、競争もますます激しくなっています。そんななか、データ活用によって顧客に効果的なアプローチをするデータサイエンスが脚光を浴びるようになってきているのです。また、大量のデータを扱うことが可能となったテクノロジーの進歩も大きく関わっています。

　多くの分野において、新規顧客を獲得するためのコストは増大してきていますし、既存の顧客を維持することの重要性もますます高まっています。ある業界では、新規顧客を獲得するために必要なコストは、既存の顧客を維持するためにかかるコストの約10倍にもなることがわかっています。

　しっかりとデータを活用すれば、タイムリーに顧客の好みとニーズをつかまえ、ちょうどよいタイミングで顧客が必要とする商品を提案し、自社から

買ってもらえるようになります。これこそデータサイエンスの真骨頂だといえます。

　マーケティングにデータを活用すれば、主に以下のようなことができます。ここではイメージをつかんでもらうために、簡単な例だけを紹介します。

　① 維持できる既存顧客の数が増える

　たとえば、ある保険会社の例では、顧客の離脱率を５％下げることができれば、利益が25％向上します。このように、顧客が自社から離れていかないように、適切な方法とタイミングで顧客にアプローチすることは大変重要なことです。

　② 顧客の購買金額が増える

　顧客の好みとニーズを把握することで、顧客の求める商品と併せて、別の商品もセットで買ってもらうことや、よりグレードの高い（高付加価値な）商品を買ってもらうことで、顧客あたりの購買単価を上げることもできます。

　③ マーケティングの費用対効果が上がる

　ひと昔前と違い、いくらCMを流しても思ったほどには売上につながらないということも多々あります。ターゲットとする顧客をデータからより深く知ることで、必要なマーケティング活動をピンポイントで行うことができれば、これらの活動の費用対効果を大幅に高めることもできるようになります。

 ## どんなデータが使えるのか

　まず、自社の中にどのようなデータが保存されているのか（または眠っているのか）を知る必要があります。データが一切存在しないという会社はお

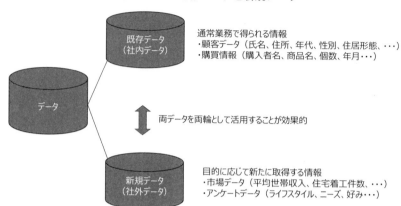

図表 2 - 1　既存データと新規データ

既存データ
（社内データ）

通常業務で得られる情報
・顧客データ（氏名、住所、年代、性別、住居形態、…）
・購買情報（購入者名、商品名、個数、年月…）

データ

両データを両輪として活用することが効果的

新規データ
（社外データ）

目的に応じて新たに取得する情報
・市場データ（平均世帯収入、住宅着工件数、…）
・アンケートデータ（ライフスタイル、ニーズ、好み…）

そらく存在しないことでしょう。もし何らかのデータが存在するのであれば、それをマーケティングに活用できないかを考えてみます（まずはマーケティング活動に絞って説明しますが、それ以外にも活用の可能性は数多くあります）。ここでは、これを「既存データ」と呼ぶことにします。

　次に、これらの既存データだけではまかなえない部分について、外部のデータの活用を考えます。これには無料で利用可能なものから、有料で購入するものまでさまざまあります。また、新たに自社で取得するようにし、新たにデータを蓄積していくこともあります。ここでは、これを「新規データ」と呼ぶことにします。

　まず、ここでは大まかに、データには、「既存データ」と「新規データ」があるということを覚えておきましょう。

 ③ マーケティングリサーチを使いこなす

　読者もマーケティングリサーチということばを聞いたことがあるかもしれません。これもデータサイエンスの適用領域の1つです。

マーケティングリサーチというのは、データによって市場の機会や問題を特定して明らかにすることです。これによって、マーケティングのプロセスを改善していくことができるため、マーケティング活動を洗練していくことができます。

　それでは、なぜ調査をするのでしょうか。実は、マーケティングリサーチにおいて、最も大切なことは、「なぜ調査するのか」をしっかりと決めることだともいえます。調査をすれば、何らかの結果は必ず得られます。何らかの情報も必ず得られます。しかし、だからといってやみくもに調査をしても、真に有益な情報は得られないということも肝に銘じておかなければなりません。何よりもまず調査目的を明らかにし、何を得たいために調査をするのかを、まず箇条書きにしてみることを強くお勧めします。

図表2-2　調査による仮説検証の例

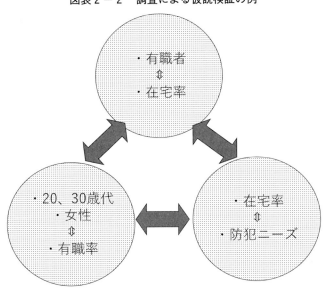

なお、調査には、大きく以下の２つの型があります。

１つは、「事実発見型」。これは、調査者がノーアイデアなものについて、回答者にたずねる調査方法です。しかし、調査者もよくわかっていないことを聞くのですから、調査として失敗するケースも散見されるので注意が必要です。

もう１つが、「仮説検証型」。あらかじめ設定した仮説が正しいかどうかを確認するための調査方法です。具体的には、２つ以上の変数間の関係を予想して、言語化することを目的に行います。たとえば、以下のような仮説です。「23区在住の20歳代と30歳代の女性は有職率が高く、平日の在宅率が低いため、防犯に対する意識とニーズが高い」などです。

 # ④ データの４つのものさしを知る

データには、４つのものさしがあります。測定する対象の持つ特徴に応じて、測る尺度が異なるからです。その４つとは、具体的には、「名義尺度」「順序尺度」「間隔尺度」「比率尺度」です。最初から２つを質的データといい、残りの２つを量的データといいます。また、データとしての情報量は、名義尺度から比率尺度に向かうに従って多くなっていきます。以下、それぞれについて説明します。

（1）名義尺度

単なる記号として（記号の代わりとして）、数字を用いたものをいいます。同一のものや同種のものに同じ数字を割り当てた尺度です。たとえば、以下のようなものが代表例です。

例１：男性＝１、女性＝２、未回答＝３

例１：戸建＝１、分譲マンション＝２、賃貸マンション＝３、……

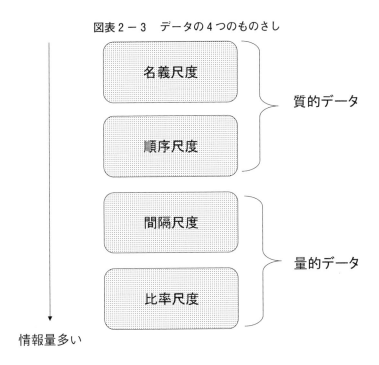

図表2-3　データの4つのものさし

名義尺度

順序尺度

質的データ

間隔尺度

比率尺度

量的データ

情報量多い

　これらの名義尺度においては、それぞれの数字には記号の代わりとしての意味しかないため、順位をつけたり、四則演算（足し算・引き算・掛け算・割り算）を行うことはできません。すなわち、戸建が1（番）で分譲マンションが2（番）だからといって、戸建てのほうが分譲マンションよりも順位が上だという意味にはならないということです。同じように、男性（1）＋女性（2）＝結婚（3）のような演算をすることもできません！

　可能な統計処理として代表的なものには、最頻値や χ^2 検定などがあります。

（2）　順序尺度

　ものごとの大小関係を表すために数字を用いたものをいいます。代表的なものには、成績順位（マラソンの順位や試験の合計点数の順位）や成績の5

段階評価、および売上ランキングなどがあります。とても極端なケースを例にあげれば、試験の受験者が3名しかいなかった場合に、100点＝1位、20点＝2位、0点＝3位だったとします。この1位〜3位という数字は、これらの受験者の実力をうまく反映できていないことがわかります。

なぜならば、今20点＝2位ですが、仮に99点＝2位だったとしても、順位は何も変わらないからです。1位との点数差が何点であったとしても、同様に1位〜3位の順位がつきます。このことからもわかるとおり、先の（1）名義尺度よりも順序という情報量は増えていますが、（1）名義尺度と同じように、こちらも四則演算はできません。

可能な統計処理として代表的なものには、中央値、四分位偏差などがあります。

（3） 間隔尺度

順位尺度に間隔の概念を加えたもので、大小・順序関係だけではなく、その差や和にも意味があるものをいいます。ただし、0は相対的な意味しか持ちません。代表的なものには、西暦や温度、偏差値などがあります。気温0℃には相対的な意味しかありません（気温の表し方には、摂氏と華氏があるのはよく知られていますね）。

そのため、どこが基準（0℃）かということに意味はありませんが、気温が摂氏25℃から30℃に上昇したという場合には、その気温差5℃には意味があります。

西暦や偏差値でも同じです。西暦2000年から2010年になったという場合には、その差の10年には意味がありますが、西暦2000年という数字そのものには意味がありません。偏差値も45から50に上がったという場合には、偏差値が5上がったということには意味があります。

可能な統計処理として代表的なものには、平均、標準偏差、t検定などがあります。

（4） 比率尺度

間隔尺度に原点ゼロを加えたものをいいます。比率尺度は量的変数の尺度であり、尺度の中では最上位の尺度となります。間隔尺度までの全特徴に加えて、０が絶対的な意味を持ちます。たとえば、身長や大きさ、値段などです。

具体的には、「100円の商品と200円の商品では、200円のほうが２倍の値段である」ということがいえます。すなわち、金額の比率も意味を持ちます。

そのため、測定値間の倍数関係（比）を扱うことが可能になり、同一性、順序性、加法性、等比性を表します。利用可能な統計量は、値が絶対的な意味を持つので、変動係数や幾何平均などを扱うことができます。

可能な統計処理としては、あらゆる統計処理が可能です。

以上の４つの尺度（ものさし）を**図表２－４**にまとめました。

図表２－４　各尺度の目的と代表例

変数の種類	尺度名	尺度の目的（意味）	例
質的変数	名義尺度	等価の決定 （同じ値か否か）	名前 性別 ID
	順序尺度	大小関係の決定	成績の段階評価 ランキング 地震の震度
量的変数	間隔尺度	間隔または差の等価性の決定 （ただし、０は相対的な意味しか持たない）	温度 偏差値 西暦
	比率尺度	比率の等価性の決定 （０にも絶対的な意味がある）	値段 身長・体重 年齢

測定には必ず誤差がつきまとう

人の心の状態や行動の特性また社会現象の特徴などを測定すると、そこには誤差が必ず含まれます。

誤差を小さくするための方法もありますので、ここではその方法を紹介します。

（1） 再検査法

時間的間隔をおいて同一測定を行うことで誤差を抑える方法です。

心理テストや知能テストの信頼性を高めるために、時間的な間隔を空けて、同じテストを同じ対象者に2回行うことがあります。1回のテストよりも2回のテストの得点間の相関関係を求めることで、測定誤差を抑えることができます。これは再テスト法とも呼ばれます。

（2） 評定者間の一致度

同一対象を2人以上で測定することでも誤差を抑えることができます。

行動分析学などにおいては、実験結果を複数の研究者で主観的に判断して、それらの判断がどれほど一致しているかによってデータが信頼できるかどうかを決定することもあります。この2人以上の観察者による記録間の一致度のことを「評価者間の一致度」といいます。

（3） 折半法

測定値が複数の項目の合計得点として与えられる場合に、項目を二分し、それぞれに合計値を算出し、両者の相関係数を求める方法です。すなわち、同時実施の平行テストを疑似的に構成することで、誤差を抑えようとするものです。

折半法では、1回のテストを実施すれば信頼性に関する情報を得られる点が再テスト法と異なる点です。

　ただし、大切なことは、項目を折半する方法が一意ではないということです。たとえば、奇数番目の項目と偶数番目の項目で折半して部分テストを作ることを奇偶法といいますが、これに限らずテストの前半部分と後半部分で分割しても構いません。この場合には、どのような基準で折半したかによって結果が変わります。

（4）　因子得点を用いる方法

　複数の項目に共通する成分（共通因子）を利用して、誤差を抑えようとする方法です。いずれにしても、測定値には誤差が含まれるため、下式となることを覚えておきましょう。

　　　　測定値＝真値＋測定誤差

　測定値＝真値とはならず、必ず誤差が加わるということです。

 ## データ処理の手順

　データ処理の一般的な流れは、以下になります。

　（1）仮説の設定、（2）データの収集、（3）データの処理、（4）仮説の検討です。

　（1）では、何をどのように検討したいのかを明らかにする必要があります。（2）では、データ収集方法を決定して、データを収集します。（3）では、データ処理の目的を明らかにして、適切な処理（統計処理・分析）を行います。（4）では、データ処理した結果を吟味します。

（1） データを大まかに把握する

データを大まかに把握するために有効な手段として、以下があります。

・表にまとめる
・図にまとめる（ヒストグラム、円グラフ、レーダーチャート、箱ヒゲ図、etc）
・図の種類を変える

（2） いろいろな分析手法のダイジェスト

まず手始めに、代表的な統計数値を確認することから始めてみましょう。分析対象としているデータの特徴を大まかにつかみます。データの中心的傾向を示す値を「代表値」といいます。代表値としては、一般に平均値が使われますが、分布の形によっては最頻値や中央値を代表値にする場合もあります。

最近の統計ソフトでは、これらを基本統計量として一覧で表示してくれるものもあります。

① 平均値（最も一般的）

平均値は、個々の変数の値の総和をデータ数で割ったものです。試験の平均点、身長や体重の平均など、日ごろよく耳にするもので、生活にも馴染みの深いものでしょう。

図表2-5　各図からわかるデータの特徴

グラフの種類	特徴
棒グラフ	棒の高さで、量の大小を比較できる
折れ線グラフ	量の変化を確認できる
円グラフ	全体の中での構成比がわかる
帯グラフ	構成比を比較できる
ヒストグラム	データの散らばり具合がわかる
レーダーチャート	複数の指標をまとめて確認できる
散布図	2種類のデータの相関を確認できる

平均を一般化すると、変数 x について、平均値 $\bar{x}$ は、以下のように表せます。

$$\bar{x} = \frac{x_1 + x_2 + x_3 + \cdots x_n}{n} \quad (ただし、n はデータ数)$$

② **最頻値（モード）**

度数分布表において、もっとも頻度（度数）の高い値のことを最頻値といいます。

③ **中央値（メジアン）**

データを大きさ順に並べたとき、ちょうど中央に位置する値を中央値（メジアン）といいます。

たとえば、ここで、｜−5、5｜の平均も ｜−5000、5000｜の平均も同じ0となります。

同じように、｜5、5、5｜の最頻値も ｜1、5、5、3、5、1｜の最頻値も同じ5になります。

しかし、平均値や最頻値が同じであっても、これら両者のデータには大きな違いがあります。データの散らばり具合が異なるからです。このデータの散らばり具合を見るための方法として、標準偏差や分散があります。

④ **分散（s^2）**

分散とは、統計学において、数値データのばらつき具合を表すための指標です。ある1つの群の数値データにおいて、平均値と個々のデータの差の2乗の平均を求めることによって計算します。データ相互のばらつきを見るために、恣意的にこのような指標を作ったと考えればわかりやすいかもしれません。

もし単純にデータの差をとってしまえば、正と負の両方の値をとってしまうことになるため、これらを足し合わせると正と負の値が相殺してしまうので、平均値からどれだけ離れているかを表す指標としては役割を果たせなく

なってしまいます。

　そこで、考え出されたのが2乗してから平均をとるという方法です。このようにすれば、平均値から離れた値をとるデータが多ければ多いほど、分散（指標）が大きくなることを表現できます。2乗することで、平均値からの距離の基準を正負によらない値として統一することができるからです。

　これを数式で書くと以下のようになりますが、ばらつきの大小を見るという目的のために作った指標が分散だというふうに考えれば、何も怖いことはありません。

$$S^2 = \frac{1}{n}\sum x_i^2 - \bar{x}_i^2$$

　ここで、n が観測値の数、x_1、x_2、$\cdots x_n$ が1つ1つの観測値、x の添字は観測したデータの番号を表しています。

　それでも問題がひとつあります。たとえば、仮にある物の重さの平均からのばらつきを見ようとした場合、分散の大きさ（の単位）は g^2（グラムの2乗）で与えられることになります。しかし、グラムの2乗とは一体何か？と思ってしまいますね。

　そこで登場するのが、標準偏差です。

⑤　標準偏差（s）

　標準偏差は、分散の平方根で与えられます。すなわち、標準偏差 S は、次式となります。

$$S = \sqrt{S^2}$$

　もうおわかりですね。たとえば、グラムの2乗だったものを、私たちに馴染みのあるグラムに単位を直したものが標準偏差です。距離の2乗や時間の2乗などもすべて同じです。2乗だとわかりにくいものを、もとの単位に戻しているのです。

（3） 統計的検定

標本（データ）における相違や関連性が、調べようとするもの全体（母集団）においても認められるかどうかを検討することを統計的検定といいます。つまり、データに見られる相違や関連性が、偶然か否かを見極めることをいいます。

・検定の方法

ここでは、大まかに検定の流れを把握しておきましょう。

ア）仮説の設定

母集団のある特性について、予測 H_1 を得たとします。このとき、この予測のことを対立仮説といいます。これが、検定によって正しいと主張したい仮説になります。

次に、仮説 H_1 を否定するための仮説 H_0 を立てます。この否定する仮説のことを帰無仮説といいます。

イ）分布の把握と棄却域の設定

対象となる統計量がどのような分布に従うのかを調べます。次に、その統計量が分布上のどの範囲に入ったときに帰無仮説 H_0 を棄てるのかをあらかじめ決めることになります。これを棄却域といいます。棄却域の起こる確率を α として、この棄却域に入ることを許容する確率を決めておきます。よく使われるのが、5％や1％です。棄却域に入ることを5％まで許容した場合には、「有意水準5％」などといいます。

ウ）仮説の採否を決定

ここで、もし統計量が棄却域に入れば、有意水準 α で帰無仮説を棄却（対立仮説を採択）します。もし統計量が棄却域に入らなければ、帰無仮説は棄却しません。この場合には、帰無仮説のほうを採択しておくことになります。ただし、帰無仮説を採択するという場合には、帰無仮説を積極的に正しいと主張できるわけではないことに注意が必要です。これは、設定した棄却域の中においては、棄却するまではいかないという意味になります。

主な検定方法には、以下のものがあります。

・χ二乗検定（カテゴリーの差）

・t検定（平均の差）

・F検定（分散の差）

　統計的検定においては、よく有意水準５％が使われます。ここで頭に入れておきたいことは、「有意水準５％で有意な差がある」と認められた場合、100回に５回は誤りである可能性を含んでいるということです。それでは、この５％を小さくすればいいかというと、必ずしもそうとはいえません。もし１％にすれば、100回に１回しか誤りである可能性を含まないことになりますが、その分、「有意な差がない」との結論が導かれる可能性も高くなるからです。

（4）　多変量解析

　多変量解析とは、多くの要素（３つ以上）を含んだ対象をまとめて分析する方法です。多変量解析としてよく使用されるものには、以下のものがあります。

①　重回帰分析

　重回帰分析とは、ある特定の変数を、他の複数の変数を用いて一次式で予測する方法です。

　ここで、目的変数を Y、説明変数を X_n とすると、

$$Y = aX_1 + bX_2 + \cdots\cdots + c$$

　ただし、目的変数、説明変数ともに量的データ。

　ここでの注意点としては、説明変量間に相関関係の高いものは使用しないということです。説明変量間に相関関係の高いものを使用すると、解析結果

が不安定な状態となる現象が見られることがあります。これを「多重共線性」といいます。

　解析結果から異常な値が存在しないかどうかをか確認し、もし存在するようであれば、説明変数間の相関係数を確認する必要があります。異常値が存在し、かつ強い相関が認められる説明変数が存在するようであれば、どちらか一方の説明変数を除外して再分析を行うなどの対処が必要になります。

　ただし、多重共線性のある状態では、係数についての信頼性の高い解釈を行うことはできませんが、適合度や予測の精度には影響がありません。

--- *Note* --

多重共線性

　重回帰分析やロジスティック回帰分析などの多変量解析を行ったときに、互いに関連性の高い説明変数（独立変数）が存在すると解析上の計算が不安定となり、回帰式の精度が極端に悪くなったり、回帰係数やオッズ比などが異常な値をとったりする現象のことをいいます。これをマルチコ現象と呼ぶこともあります。

　多重共線性が起こりやすい条件として、①説明変数（独立変数）間の相関係数が±1に近い組み合わせが含まれる、②説明変数（独立変数）の個数がサンプルサイズに比べて大きいなどがあげられます。いずれの条件に該当しても多重共線性が起こらない場合もあり得ますが、分析をする際に、これらの点に注意する必要があります。

----

②　判別分析

　判別分析とは、特定の一変数を、他の複数の変数を用いて一次式で予測するものです。ただし、目的変数＝質的データ、説明変数＝量的データです。説明変量間に相関関係の高いものは使用しないようにします。

　下の**図表2-6**は、判別式を使用した体力・知力テストの合否判定です。体力テストと知力テストの点数が、判別式よりも上にいる人は「合格」、下

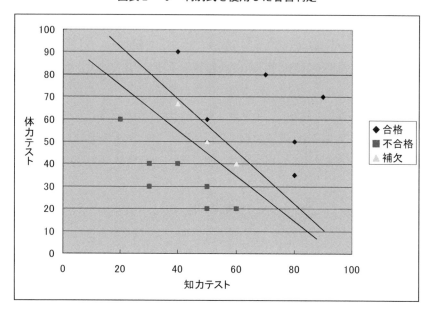

図表２－６　判別式を使用した合否判定

にいる人は「不合格」です。なお、この例では、判別式によって「補欠」も
判定しています。

③　因子分析

　因子分析とは、複数の変数間の関係性を探り、変数間に潜むいくつかの因
子を見つけ出す手法です。複雑なものを単純な要因で説明することができま
す。変数が測定されたものであるのに対し、因子は測定された変数間の相関
関係をもとに導き出される潜在変数です。

　たとえば、国語や社会のテスト点数から「文系能力」、数学と理科のテス
ト点数から「理系能力」を導き出すようなものをイメージするとわかりやす
いかもしれません。

④　クラスター分析

　クラスター分析とは、性質の似たケースをいくつかのグループにまとめる

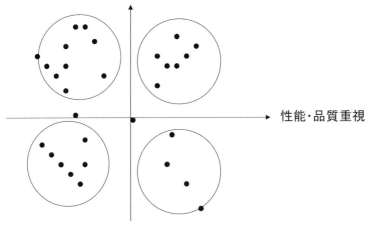

図表2－7　クラスター分析の例

コストに対する犠牲

性能・品質重視

手法です。一般に、セグメンテーションと呼ばれているものの1つです。

顧客ニーズとマーケティング

（1）　ニーズとはなにか

　ここで、そもそも「ニーズ」とは何でしょうか。どのようにしたら「ニーズ」がわかるのでしょうか。一般には、データ分析や調査をすればわかる、消費者に求めているものを聞けばわかると思われています。しかし、ニーズがあるとわかってからでは出遅れてしまう可能性だってあります。ニーズが明らかであるならば、他社も同じような商品・サービスを出す可能性もあります。ここでは、ニーズには、「顕在ニーズ」と「潜在ニーズ」があることを押さえておきましょう。

（2）　潜在ニーズと顕在ニーズ

　ニーズにも、すでに消費者が認識できている顕在ニーズと、まだ顕在化し

ていない潜在ニーズがあります。潜在ニーズを顕在化させることがマーケティングであるともいえます。

ただし、ここで注意しなければいけないことは、以下の点です。

・仮にニーズがあったとしても、潜在ニーズのままでは売れない
・不満願望と商品ニーズは別物である
・日常生活で感じる不満や願望が強いからといって、それを解消してくれる商品のニーズが高いとまではいえない
・不満と商品を結びつけなければ、商品ニーズにはならない

（3）　不満願望と商品ニーズの心層深度

不満願望と商品ニーズの心層深度は、まったくの別物と考えなければなりません。たとえ不満が顕在化していたとしても、商品ニーズが顕在化してい

図表2－8　不満願望と商品ニーズの心層深度

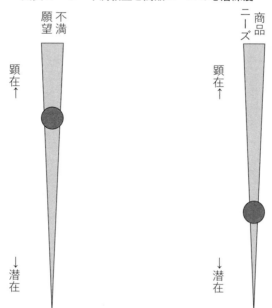

るとは限りません。

これを示したのが**図表2−8**です。不満願望と商品ニーズには、顕在化率に大きな隔たりがあることが普通です。

たとえば、やや古い話になりますが、今では一般的にも普及している床暖房の不満願望と商品ニーズについて見てみます。エアコンに対するさまざまな不満願望は以前から顕在化していましたが、だからといって、いきなり「床暖房」という商品ニーズが生まれたわけではありません。不満願望と商品ニーズを結びつけることで、商品ニーズを高めることができます。

仮に、エアコンに対する不満が「足元が寒い」だとすると、床暖房にすることで「足元が暖かい」という商品ニーズと結びつくようにする必要があります。この結びつきを起こさせるためには、「床暖房の体験コーナー」を設営するなどの施策が有効となります（**図表2−9**）。

図表2−9　不満願望と商品ニーズの結合（例：床暖房）

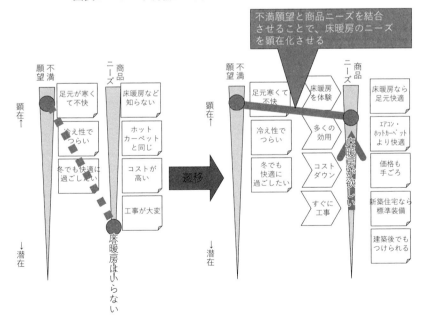

第3講

顧客のライフスタイルを
読み解いてみる

自社の顧客のライフスタイルを知ることは、効果的な PR やマーケティング活動を行ううえでも大変に重要なことです。しかし、その一方で、個人情報の観点からも大変に知りにくい情報だともいえます。

　これまでは、これらの情報を知りたければ、アンケート調査を実施して、大まかに把握することしかできませんでした。しかし、データ分析を用いることで、かなり正確にこれらの情報を把握することができるようになってきています。

　近年は、IoT 技術の進歩などともあいまって、各家庭に設置してあるセンサーや電力会社の保有する電力使用量データ（いずれも顧客の許諾を前提に取得することが可能となってきています）なども入手可能な社会へと向かっています。

　ここでは、主に各家庭の電力使用量データをもとにして、特定の生活行動や家族属性などを知ることができるかどうかについて検討します。具体的には、ある顧客（家庭）の起床時間、外出・帰宅時間、エアコンの使用頻度、家族人数、住まいの延べ床面積、エアコンを使用している部屋数などです。もちろん、電力使用量のデータだけからこれらを完全に把握することは不可能です。しかし、あえてここでこれらの例を取り上げるのは、工夫次第では電力使用量という単一のデータだけからであっても、ここまでのことがわかるということを実感してもらいたいからです。

　（当然、さらにデータを加えるなどすれば、より精度の高い分析をすることができます。）

 ## 顧客のライフスタイルを把握する

　電力使用量などから、ある生活行動が行われる時間を大まかに推定することができます。ここでは、1 時間単位の電力使用量の変化から、生活行動が

行われたかどうかを把握して日々の生活行動が行われた時間を推定し得ることを確認していきます。

　本講では、ある特定の行動を取ることで顕在化する電力使用量のパターンを定義して、これを検出することで、その行動が行われたかどうかを把握してみます。

　ただし、対象とする行動にともなう電力使用量がある程度顕著でなければ検出することができません。ここで紹介する事例では、電力使用量のデータのみを使用しますが、検出したい行動に合わせて、その行動を検出するのに適切なデータを入手できるかどうかを検討する必要があります。

　今回のケースでは、電力使用量が小さな行動の場合には、全体の中に埋没してしまうために、その行動があったかどうかを判断することのできないものもあります。また、電力使用量のデータ粒度は1時間ごとのため、ほんの短時間で終わってしまう行動の場合には、同じように検出することは難しくなります。

　さらに、電力使用量が大きい行動が複数あり、明らかに時間帯で判断できない場合には、区別が難しいものもあります。（たとえば、エアコンの使用と乾燥機の使用は、どちらも電力使用量が大きくなる特徴がありますが、この情報だけではどちらであるのかを特定することはできません。）

　ここでの方法論は、あらゆるデータ分析においても適用できます。なお、補助的な分析として、アンケート分析を併行して行うことで、アンケート結果との整合性についても確認していきます。

　なお、ここでの分析には、1つの例として以下のデータを使用しています。

　　対象：戸建住宅50家庭、集合住宅47家庭

　　粒度：1時間ごとの電力使用量データ

　　期間：1年分のデータ

（1） 起床時間を読み解いてみる

　起床時間を知るためには、まず、最初に起床した人が電気を使い始める時間を検出する必要があります。具体的には、午前3時〜4時の間での電力使用量の最小値（人の行動によって電気が使われていないと考えられるベースの電力使用量）を記録した時刻から正午12時までの間に、前の時刻との電力使用量の差が100Wh以上あった最も早い時刻を起床時間と定義することにします。

　ここで、電力使用量の最小値を見るのは家族全員が就寝した時間を把握するためです。また、前の時間との電力使用量の差を100Whとするのは、起床に伴うエネルギー使用として、1部屋分の照明に必要な電力使用量以上の電気使用の上昇を捉えたいためです。

　ただし、これらの条件に合致しない場合には、最小値を記録した時刻から12時までの間で最も大きな電力使用量の上昇を記録した時刻をもって起床時間とすることにします。

　※この分析だけでは、家族の中の誰が起床したのかまでを知ることはできませんが、他のデータと組み合わせて工夫することで、個人を特定することもできるようになります。

　また、日々の生活では毎日同じ時間に起床しているとは限りません。そのため、日々の生活のばらつきを吸収するために、最頻値をその家庭の代表値として使用します。

　読者自身で分析される際にも、このように知りたい事象を整理したうえで、工夫して条件を定義していくように心がけてください。ほとんどのケースにおいて、試行錯誤が必要となりますが、データ分析と向き合ううえでは、極めて大切な心構えです。

"W" と "Wh"

　電力使用量でいうと、たとえば電子レンジなどは消費電力が1000W以上などとても大きなものですが、短時間の使用がほとんどでしょう。このような生活行動は、1時間ごとの電力使用量のデータからだけでは検出することが困難です。つまり、Wの大きさよりも、Whが大きいことが必要です。

　日々の生活では、毎日同じ時間に起床しているとは限らず、そのばらつきを吸収するために、整合性の確認方法を次のようにします。

　まず、この検出方法によって得られる時刻を起床時間として、各家庭での日々の起床時間の最頻値をその家庭での起床時間の代表値とし、その代表値とアンケートの時刻を比較します。アンケートの起床時間は、家族のうち最も早く起床した時刻で比較します。

　結果は以下のとおりです。

図表3－1　最頻値を用いた全体の一致率（100Wh）

月	平日/休日	一致率(100Wh)
2	holiday	0.292
2	weekday	0.568
8	holiday	0.241
8	weekday	0.393
10	holiday	0.241
10	weekday	0.426

　また、起床を検出する際の電力使用量の上昇の閾値に対する感度を調べるため、閾値を50Wh、150Whとした場合の起床時間の一致率は**図表3－2**のようになります。

図表 3 - 2 　最頻値を用いた全体の一致率（50Wh、150Wh）

月	平日休日	一致率(50Wh)	一致率(150Wh)
2	holiday	0.240	0.292
2	weekday	0.558	0.579
8	holiday	0.172	0.276
8	weekday	0.492	0.475
10	holiday	0.259	0.259
10	weekday	0.393	0.393

　上記のように100Wh を150Wh とすることで10月の平日以外は一致率が上昇し、100Wh を50Wh とすることで10月の休日以外は一致率が減少します。

　本講では、最頻値をその家庭の代表値とすることで、日々の生活のばらつきを吸収することを考えてみます。ただし、もし日々の生活がランダムに近い場合には、最頻値には意味がなく、アンケートとも一致しないことが予想されます。また、日々の生活がランダムに近い場合には、最頻率は低くなるはずです。

　そこで、分析結果とアンケート回答が一致した家庭と外れた家庭の最頻値率（全頻度に対する最頻値の割合）の分布を比較しました（**図表 3 - 3 ～ 3 - 5**）。

　ここで 1 は一致した家庭を表し、 0 は外れた家庭を表すものとします。ヒストグラムの横軸は最頻率で、縦軸は件数（家庭数）です。

　平日と休日では休日のほうが最頻率の低い家庭が多いことが確認できます。このことから、外れた家庭と一致した家庭の最頻率の分布に大きな差異はないように見えます。そこで、さらに**図表 3 - 6** のように、最頻率が50％以上の場合と50％未満の場合で分けて、全体の一致と不一致を比較しました。

図表 3 - 3　最頻率（2 月）

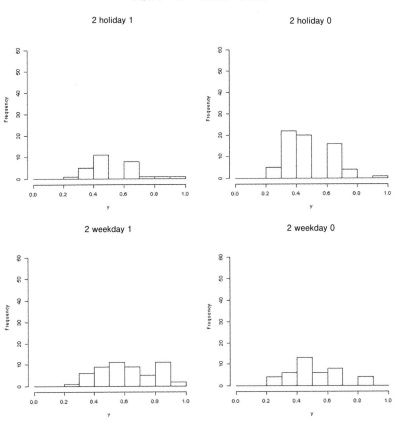

図表 3 － 4　最頻率（8月）

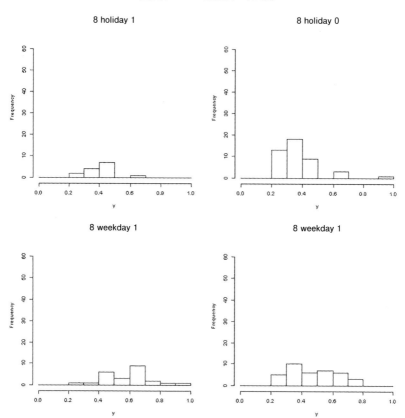

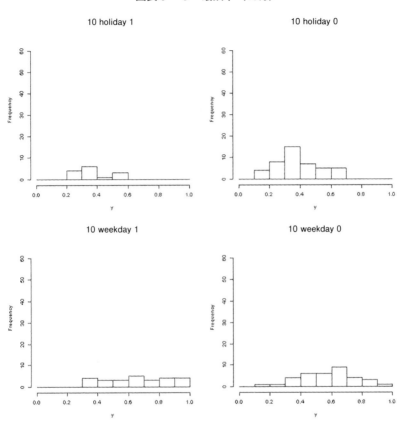

図表 3 − 5　最頻率（10月）

図表 3 - 6 　最頻率区分毎の一致／不一致

最頻率区分	不一致	一致	一致率
0.5以上	135	114	0.458
0.5未満	134	46	0.256

　その結果、最頻率が低い場合（0.5未満の場合）と最頻率0.5以上の家庭で
は、0.5以上の家庭の一致率が高いことが確認できます。

　次に、外れている度合（最頻値とアンケート値の差）と最頻値との関係を
散布図で確認しました。結果は**図表 3 - 7**のとおりです。ここで、横軸が最
頻率、縦軸が残差（時間）です。
　この結果を見ると、最頻率が低い場合には最頻値とアンケート値の乖離が

図表 3 - 7 　外れ具合と最頻値の関係

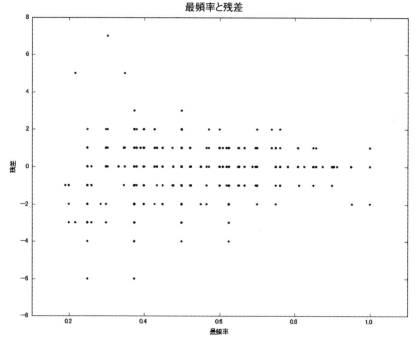

大きくなっていることがわかります。ただし、最頻率が高い場合でも最頻値とアンケート値の乖離は起きています。

　最頻率が低い場合には、最頻値になる時刻は確率的に起きるので、一致することもあれば一致しないこともあると考えられます。一方で、最頻率が高い場合には一致することが予想されますが、半分程度の家庭では一致していません。そこで、最頻率が高くても一致しない原因を探るために、そのような対象家庭の検出の様子を調べてみます。ここでは最頻率0.5以上の場合（135件）について時系列を確認してみます。時系列グラフは横軸が時間で、縦軸が電力使用量です。

図表3－8　3時から4時の間の最小値を記録した時刻

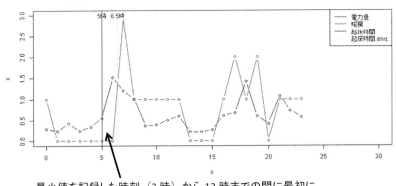

最小値を記録した時刻（3時）から12時までの間に最初に
増加量（100Wh）上昇した時刻を起床時間として検出

図表3−9　最頻率0.5以上で外れている例1

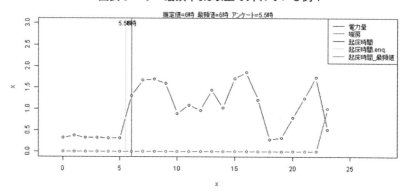

図表3−10　最頻率0.5以上で外れている例2

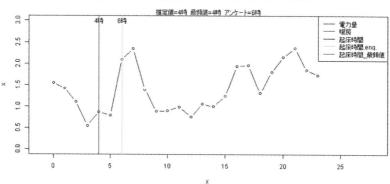

図表3−11　最頻率0.5以上で外れている例3

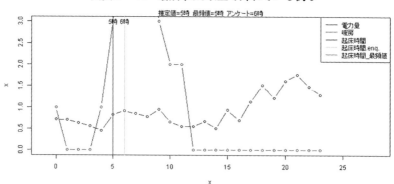

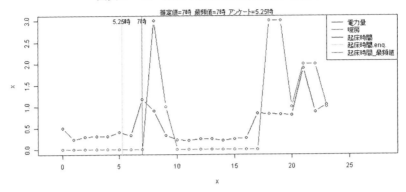

図表3-12　最頻率0.5以上で外れている例4

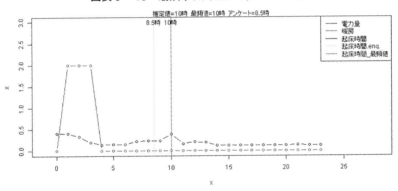

図表3-13　最頻率0.5以上で外れている例5

　例1（**図表3-9**）は、アンケートでは5：30と記述されていて、最頻値
が6：00となっているケースです。電力使用量は1時間ごとのデータである
ため、5：30が5時にカウントされているために不一致と判定されているも
ので、実際には一致していると考えて差し支えないケースといえます。

　これは、本分析におけるデータ粒度（1時間ごと）の限界です。たとえば
15分単位でのエネルギー使用量を取得するなどして、データの粒度を細かく
することができれば改善の可能性が高いでしょう。

　例2（**図表3-10**）は、アンケートでは6：00と記述されていて、実際の

電力使用量の立ち上がりが4時の場合が多いために、最頻値が4時となるケースです。

　例3（**図表3－11**）は、アンケートでは6：00と記述されていて、実際の電力使用量の立ち上がりが5時の場合が多いために、最頻値が5：00となる例です。

　例4（**図表3－12**）は、例2とは逆に最初の立ち上がりが緩やかで捉えられていないケースです。例5（**図表3－13**）は、7時頃から緩やかに電力使用量が増えて10時に初めて前の時間から100Wh以上の増加が検出されるケースです。

　例2、3は、この検出方法の問題というよりは、起床とアンケート回答が実際にずれていることに原因があります。念のため、これらの各家庭の電気暖房器具のタイマーの有無を確認していますが、いずれもタイマーはついていないことが確認されていて、この結果からでは実際にアンケートよりも早い時間に起床しているのか、アンケートにはない何らかの操作（タイマー設定含む）を使用したために電力使用量が先行して動いていたのかを捉えることはできません。

　例4、5は、そもそもの電力使用量が少なく、最頻率は高いため、何か他の行動（たとえば、掃除や洗濯など）を起床として検出している可能性があります。このようなケースでは、個別に閾値を設定するなどの別の対応が必要となります。

　ここでは、最頻値をその家庭の代表値とすることで、日々の生活のばらつきを吸収することを試みました。ただし、もし日々の生活がランダムに近いとすれば最頻値にそれほど意味はなく、アンケートとも一致しないことも自然なことかもしれません。また、日々の生活がランダムに近いのであれば、最頻率も低くなります。

そこでまず、一致した家庭と外れた家庭の最頻値率（全頻度に対する最頻値の割合）の分布を比較しました。

ここでの分析からは、起床に伴う電力使用量の立ち上がりの様子をそれなりに捉えられたケースが多く、家族の誰かが起床したと思われる時刻をある程度知ることはできました。

ただし、日々の起床時間にばらつきのある場合には、アンケート時間と実際の起床時間との一致率は高くありません。また、アンケート回答者が答えた起床時間が、アンケート回答者が本当に起床した時間と異なっていることも考えられます。

また、ここまでの結果から、平日は規則正しく同じ時間に起床している家庭が多く見られる一方で、休日は起床時間がバラバラの家庭が多いということも確認できます。そのように考えられるのは、休日のほうが平日よりも最頻率の低い家庭が多いからです。

（2）　外出・帰宅時間を読み解いてみる

外出・帰宅時間を把握するためには、まず、昼間の時間帯にエネルギーを使用していない時間帯を検出します。

夜間 0 時から午前 6 時までの間で電力使用量の最低値を見つけ出し、これをその家庭におけるベースの電力使用量と考えることにします。

外出時刻の定義を、「1 時間前からの電力使用量が100Wh 以上減少しており、かつベースラインからの電力使用量が＋100Wh 以内となった時刻」とします。（ここで、ベースラインからの電力使用量を＋100Wh 以内とするのは、在宅の可能性を排除するためです。）

一方、外出後に、ベースラインからのエネルギー使用量が＋100Wh 以上の上昇となった最初の時刻を帰宅時刻と定義します。

また、外出している時間帯にはすべての電気を使用していないものと仮定

して、給湯、暖房と推定される電力使用量が発生した場合には、在宅している
るものと判定します。

図表 3 － 14　外出時刻と帰宅時刻の検出イメージ

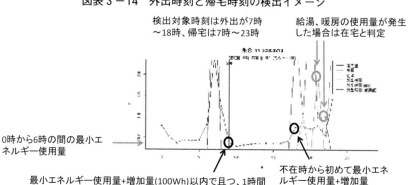

検出対象時刻は外出が7時
～18時、帰宅は7時～23時

給湯、暖房の使用量が発生
した場合は在宅と判定

0時から6時の間の最小エ
ネルギー使用量

最小エネルギー使用量+増加量(100Wh)以内で且つ、1時間
前からの電力使用量が100Wh以上減少した時刻を外出時刻

不在時から初めて最小エネ
ルギー使用量+増加量
(100Wh)を超えた時刻

　起床時刻と同様に、外出時刻についても、最頻率が0.5以上であるにもか
かわらず、アンケート結果と相違する場合について時系列を確認してみま
す。ここで、グラフ縦軸の－1は在宅を意味しています。グラフは、横軸が
時間で縦軸が電力使用量です。

　例 1 （**図表 3 － 15**）は、外出が複数回あるケースで、その中で最も長い
外出となる10時を外出時間として検出しています。ただし、このケースの家
庭には在宅者がおり、縦軸のエネルギー使用量が－1となる時間帯は存在し
ていません。

　例 2 （**図表 3 － 16**）は、外出は検出できていますが、アンケート結果と
は時間が異なっているケースです。この例では、アンケートでは 7 ：45と記
述されていますが、最頻値が 8 時となる例です。 7 ：45は切り捨てられて 7
時とカウントされているための不一致と考えられます。

　例 3 （**図表 3 － 17**）は、電力使用量の変動が小さく、外出を検出できな
いケースです。このケースでは、検出の方法に問題があったといえます。

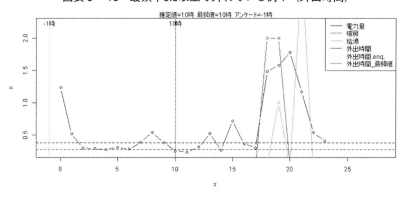

図表3－15　最頻率0.5以上で外れている例1（外出時間）

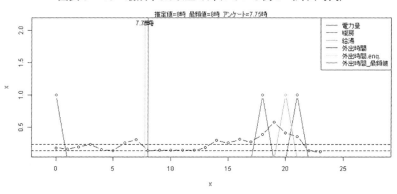

図表3－16　最頻率0.5以上で外れている例2（外出時間）

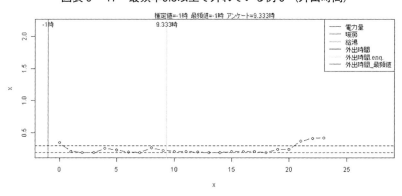

図表3－17　最頻率0.5以上で外れている例3（外出時間）

次に、帰宅時間についてみてみましょう。

例1（**図表3−18**）では、複数回外出が行われ、最も長い外出である15時から17時の次の電力使用量の立ち上がりである18時が帰宅時間として検出されます。

例2（**図表3−19**）では、1日中ほとんど電力の上昇がないために帰宅を正しく検出できない例です。

例3（**図表3−20**）では、電力使用量からは17時が帰宅として検出されますが（アンケート結果もその時間近くで帰宅となっている）、一方では、1日を通して暖房を使用しているために、外出を検出することができず、データ分析からは在宅として検出される例です。

外出・帰宅時間については、在宅時の電力使用量の変化を外出・帰宅として検出してしまうケースが多いことがわかります。

実際、判定閾値を小さくすると、在宅と認識される割合が増え、一致率が向上することが確認できます。しかし、閾値を下げることで一致率が向上するのは、外出・帰宅を正しく検出できていないということにも注意が必要です。（このケースでは、たまたま対象データの在宅の件数が多かっただけで、外出・帰宅を判定できずに在宅としたことで一致率が高まったに過ぎないということです。）

一方で、起床時間と同様に外出時間のアンケートとの整合性の確認は、各家庭での外出時間の最頻値を月別に算出し、アンケートと一致する割合を算出します。

帰宅時間は外出時間以降における帰宅時間の最頻値を算出して代表値とし、アンケート結果と一致する割合を算出します。（ただし、アンケートの外出時間は家族の中で最も遅く外出した時刻とし、帰宅時間は家族のうちで最も早く帰宅した時刻としています。）

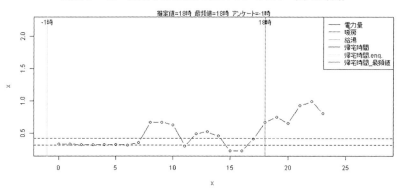

図表3－18　最頻率0.5以上で外れている例1　（帰宅時間）

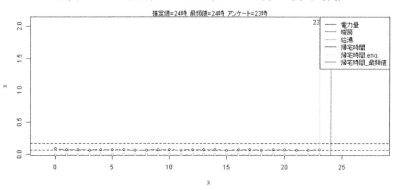

図表3－19　最頻率0.5以上で外れている例2　（帰宅時間）

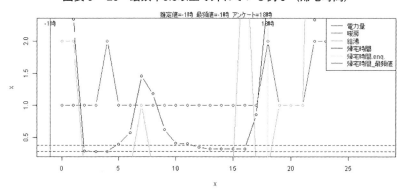

図表3－20　最頻率0.5以上で外れている例3　（帰宅時間）

起床時間と同様に、一致した家庭と外れた家庭の最頻値率（全頻度に対する最頻値の割合）を算出し、その分布を比較してみます（**図表3−21〜3−23**）。

　ここで、1は一致した家庭を表し、0は外れた家庭を表します。

　ヒストグラムの横軸は最頻率で縦軸は件数（家庭数）です。また、「在宅」は外出時間がないと判定した家庭で、「外出」は外出時間を検出した家庭です。ヒストグラムの横軸は最頻率で縦軸は件数（家庭数）です。また、対象となるデータがない場合はグラフに「対象データなし」と記述してあります。

　次に外れ具合（最頻値とアンケート値の差）と最頻値との関係を散布図で確認してみます。結果は**図表3−24、3−25**のとおりで、横軸は最頻率、縦軸は時間です。

　ここで、●が在宅しているとアンケートで回答した家庭で、●が外出（帰宅）したとアンケートで回答した家庭です。図表3−24から、大きく外れているのは、在宅であるのに外出と検出しているケースと、外出を在宅と検出しているケースです。外出の時刻が異なるケースでは、概ね1時間以下のずれであり、大きくずれているケースは少ないことがわかります。

　この分析のやり方では、専業主婦がいる場合など、在宅者がいる場合の外出・帰宅の判定は難しいことがわかります。また、複数回外出や短時間外出をすることの多い家庭を除いて分析を行った場合には、アンケートと一致する割合が増加することも確認できます。

図表３−21　外出時間の最頻率（２月）

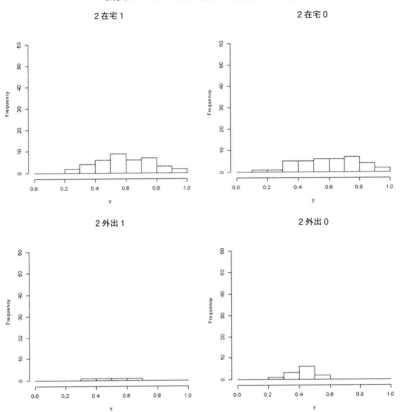

図表3－22　外出時間の最頻率（8月）

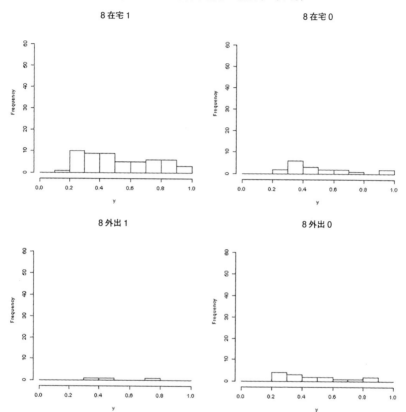

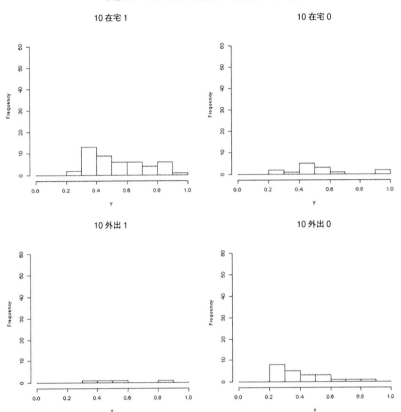

図表 3 −23　外出時間の最頻率（10月）

図表 3 −24　外れ具合と最頻値の関係（外出時間）在宅除く

最頻率と残差(外出時間)

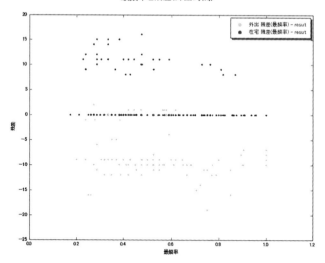

図表 3 −25　外れ具合と最頻値の関係（帰宅時間）在宅除く

最頻率と残差(帰宅時間)

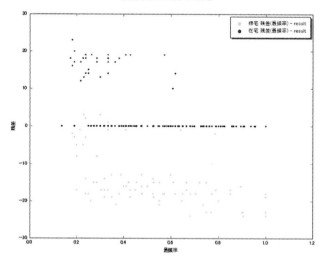

（3） エアコン使用頻度を読み解いてみる

　家庭ごとのエアコンの使用頻度を、気温に対する電気冷暖房感度または電気冷暖房の使い始めの気温から予測することを試みます。2月の使用頻度についてはエアコン、ファンヒーター、ストーブの電気暖房機器（以下2月のエアコン）を対象とし、8月の電気冷房機器（以下8月のエアコン）の使用頻度についてはエアコン、除湿器を対象とし、これらを使用している最も大きな部屋の使用頻度を、その家庭の使用頻度とします。また、電気暖房感度、電気暖房の使い始めの温度、電気冷房感度、電気冷房の使い始めの温度は、気温と1日の電力使用量の回帰式（区分多項式）から求めることにします。

　2月のエアコンの使用頻度は、電気暖房感度、電気暖房の使い始めの温度を説明変数とした決定木によって求め、8月のエアコンの使用頻度は、電気冷房感度、電気冷房の使い始めの温度を説明変数とした決定木によって求めます。それぞれ、1〜4の意味は次のとおりです。

　1……ほぼ毎日使用　　　2……週4〜5回使用

　3……週2〜3回使用

　4……特寒日（2月）もしくは特に暑い日（8月）に使用

　また、99は無回答で、999は使用していないことを表します。それぞれの予測結果とその際の規則は**図表3−26〜3−29**のとおりです。

　ここで、それぞれの行は決定木でのNodeを表し、「クラス」はそのNodeで最も割合の高いクラス（予測値）を表します。また、「確率」はそのクラスの確率を表し、「重み」はそのNodeに含まれるデータ数を表します。「重み」より右側の数値は、それぞれのクラスの確率を表しています。条件1は最初の分岐条件を表し、条件2は2つ目の分岐条件を表します。これらの結果から、いずれも気温感度が第1分岐変数に選ばれており（当たり前ともいえますが）、気温感度が高いほど使用頻度が高いという結果が得られます。

図表3－26　2月のエアコン使用頻度の予測結果

使用頻度	予測値=1	予測値=4	予測値=99
1	24	5	6
2	1	1	5
3	2	1	5
4	1	9	4
5	1	1	0
99	0	2	1
999	4	1	18

図表3－27　2月のエアコンの使用頻度の規則

クラス ▼	確率 ▼	重み ▼	1 ▼	2 ▼	3 ▼	4 ▼	5 ▼	99 ▼	999 ▼
1	0.833	18.000	0.833	0.056	0.056	0.000	0.000	0.000	0.056
999	0.833	6.000	0.167	0.000	0.000	0.000	0.000	0.000	0.833
1	0.600	10.000	0.600	0.000	0.000	0.100	0.100	0.000	0.200
1	0.600	5.000	0.600	0.000	0.200	0.000	0.000	0.000	0.200
999	0.583	12.000	0.167	0.083	0.000	0.167	0.000	0.000	0.583
4	0.556	9.000	0.222	0.000	0.000	0.556	0.111	0.111	0.000
4	0.364	11.000	0.273	0.091	0.091	0.364	0.000	0.091	0.091
999	0.333	9.000	0.111	0.222	0.222	0.111	0.000	0.000	0.333
999	0.273	11.000	0.182	0.182	0.182	0.091	0.000	0.091	0.273

条件1 ▼	条件2 ▼
-inf<電気暖房感度<=-0.654	9.050<電気暖房使い始め<=13.267
-0.364<電気暖房感度<=inf	11.011<電気暖房使い始め<=13.238
-inf<電気暖房感度<=-0.654	13.267<電気暖房使い始め<=inf
-0.654<電気暖房感度<=-0.364	9.006<電気暖房使い始め<=12.014
-0.364<電気暖房感度<=inf	-inf<電気暖房使い始め<=11.011
-0.654<電気暖房感度<=-0.364	-inf<電気暖房使い始め<=9.006
-0.654<電気暖房感度<=-0.364	12.014<電気暖房使い始め<=inf
-0.364<電気暖房感度<=inf	13.238<電気暖房使い始め<=inf
-inf<電気暖房感度<=-0.654	-inf<電気暖房使い始め<=9.050

図表3－28　8月のエアコン使用頻度の予測結果

使用頻度	予測値=1	予測値=2	予測値=4
1	62	2	2
2	5	4	1
3	1	0	0
4	5	0	5
99	4	1	0
999	3	0	2

図表 3 − 29　8 月のエアコン使用頻度の規則

クラス	確率	重み	1	2	3	4	99	999
1	0.850	60.000	0.850	0.017	0.000	0.050	0.067	0.017
1	0.667	6.000	0.667	0.000	0.000	0.000	0.000	0.333
4	0.000	5.000	0.400	0.000	0.000	0.000	0.000	0.000
2	0.571	7.000	0.286	0.571	0.000	0.000	0.143	0.000
1	0.500	14.000	0.500	0.286	0.071	0.143	0.000	0.000
4	0.400	5.000	0.000	0.200	0.000	0.400	0.000	0.400

条件1	条件2
0.416<電気冷房感度<=inf	19.270<電気冷房使い始め<=23.863
0.416<電気冷房感度<=inf	-inf<電気冷房使い始め<=19.270
-inf<電気冷房感度<=0.264	19.805<電気冷房使い始め<=inf
0.264<電気冷房感度<=0.416	
0.416<電気冷房感度<=inf	23.863<電気冷房使い始め<=inf
-inf<電気冷房感度<=0.264	-inf<電気冷房使い始め<=19.805

図表 3 − 30　平均気温と電力 1 日合計

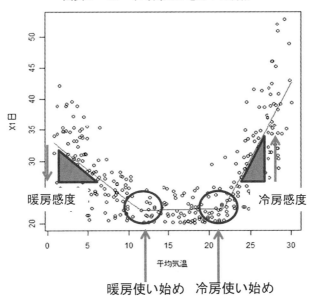

顧客の属性情報を把握する

　顧客属性の把握では、家族人数など家族の情報を電力使用量のみから把握することを試みます。そのため、ライフスタイルの把握のときとは異なり、時間的な変動は分析対象としていません。

　ここでは、電力使用量から、主に家族人数などの静的な情報を推定することを試みます。方法としては、電力使用量の大きさなどを説明変数として、属性を目的変数とする回帰モデルを作成します。電力使用量の大きさは、1日の総量（平均、X分位点など）や、ある時間の大きさなどを用います。

　一般的には、家族人数や所持している機器、建物の大きさ、形態などの属性により電力使用量が変わると考えられますが、ここでは、逆に、電力使用量から家族の属性を推定することにします。

　これは、エネルギー使用量をE、属性をAとしたときに、それらの間の関係を表現する行列（回帰の場合には偏回帰係数の行列）をQとしたとき、

$$E = QA$$

の関係が成り立ち、Qがランク落ちしていない（逆行列が求まる）とすれば、

$$A = Q^{-1}E$$

として、電力使用量から属性を求めることができると考えられます。

　実際には、必要なすべての情報がそろっていない（Qがランク落ちしている）ため、電力使用量から家族の属性を把握することには困難が予想されます。このことを前提として、電力使用量から属性を推定することを試みます。

　本分析では、属性として、家族人数、延べ床面積、冷暖房を使用した部屋

数、部屋面積を把握します。

（1）　電気の使用量を読み解いてみる

　電力使用量のデータは、家族ごとに1時間ごとのデータが取得可能であるため、1日24データ、1ヵ月で24×30データ取得することができます。属性を把握する場合には、これらの情報から、その家族を代表する数値を求める必要があります。

　代表点としては1ヵ月の総和や1日の総和、および平均値、中央値などさまざまな統計量が考えられます。また、1日の総量を考える場合には、気温による影響が含まれることになります。この影響を除外するためには、特定の気温における電力使用量（標準使用量）を算出します。

　ここでは、電力使用量のデータについて、どのような指標を用いたら最も情報を取り出すことができるのかについて考えてみます。

　1日の総量で比較する場合には、家族人数というよりは、在宅している家族人数に比例することが考えられます。そこで、1時間あたりの使用量を見ることにします。

　1時間あたりの使用量は、朝、昼、夜など時間により使用する形態が異なるため、使用量も異なります。家族人数を比較する場合には、使用量の多い時間帯で比較したほうが望ましいと仮定すると、電気、暖房に関しては最大値よりロバスト（頑強、堅牢）な95％点で比較することが妥当と考えられます（平均的な使用量で比較したほうがよい場合には、平均値もしくは中央値を用います）。

　電力使用量は、エアコンの使用有無によって大きく異なると考えられます。そのため、家庭によるエアコンの使用有無が推定できるのであれば、エアコンの使用有無別に属性を推定したほうがよいと予想できます。

　そこで、電力使用量の傾きから、エアコンの使用有無を識別可能であるか

どうかを確認するために、気温に対する電力使用量の傾き（気温感度）の分布を確認してみます。仮に、エアコン使用有無によって電力使用量の傾きが異なるのであれば、2つの山が観測されることが期待されます。

しかし、実データを用いてヒストグラムを描いてみると、全体として1つの山が観測されるだけで、気温との関係性だけからでは、エアコン使用有無を調べることができないことがわかります。

図表3−31、3−32は横軸が電気冷房感度、電気暖房感度で、縦軸が件数（家庭数）です。電気冷房感度が夏のエアコン使用に関する感度で、電気暖房感度が冬のエアコン、暖房使用に関する感度です。

図表3−31　電気冷房使用量の傾きの分布
（エアコン使用・不使用）

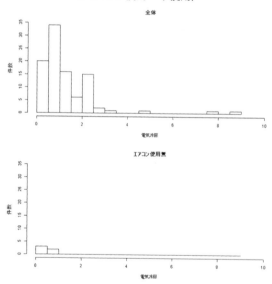

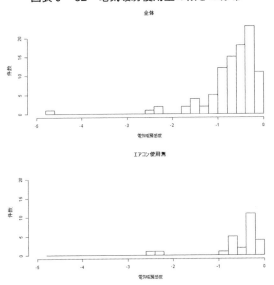

図表3−32　電気暖房使用量の傾きの分布

（2）　家族人数を読み解いてみる

　電力使用量から得られる特徴量を用いて、家族人数を推定するモデルを構築してみます。家族人数は整数値であるので、推定モデルは Poisson 回帰モデルを用います。特徴量としては、以下の指標を用いることにします。

家族人数の把握において、電力使用量は下記の値を算出します。
　　①　1日の合計使用量の平均値をその家庭の代表値とする
　　②　20時〜22時の時間帯の合計値の平均値をその家庭の代表値とする
　　③　気温と電力使用量の関係を算出し、ある気温での電力使用量の期待値を求め、それを家庭の代表値とする

　1時間の電力使用量と1日の合計電力使用量には強い相関があり、多重共線性があるために、変数からは除外します。（実際にこれらの変数を用いた

モデルを作成した場合には、正負に大きな偏回帰係数値で打ち消しあうようなモデルが作成されてしまうことを確認しています。これは多重共線性のある場合に観測される現象です。)

　また、気温感度によるクラスタリングの結果も説明変数として追加します。結果は**図表3−33〜3−39**のとおりとなります。

　実測値と予測値の分布では、横軸が実測値、縦軸が予測値であり、○の大きさがデータ件数を表します。45度に引かれた線が、正解だった場合の線を表現しています。

　ヒストグラムでは、Poisson回帰の結果の残差の分布を表現しています。点線は5％〜95％の信頼区間を表しており、正解率は30％から37％になっています。家族人数を3人と予測する場合が多く、前後に±1人ずれて予測する場合が多いことがわかります。8月では±1人の誤差の範囲に全体の約90％が含まれる結果となっています。

図表3−33　月別平日休日別のPoisson
回帰の正解率

月	平日休日	正解率ALL
2	holiday	0.301075
8	holiday	0.365591
10	holiday	0.366667
2	weekday	0.322581
8	weekday	0.333333
10	weekday	0.377778

図表 3 −34　予測値と実測値の関係（2 月平日）

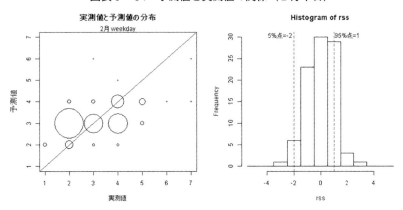

図表 3 −35　予測値と実測値の関係（2 月休日）

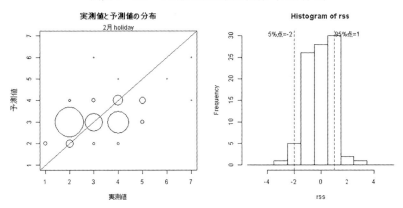

図表 3 −36　予測値と実測値の関係（8月平日）

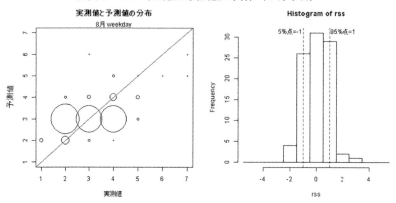

図表 3 −37　予測値と実測値の関係（8月休日）

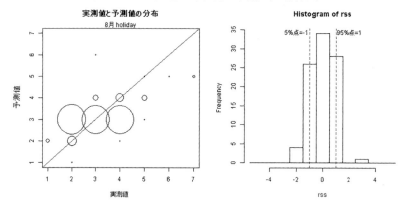

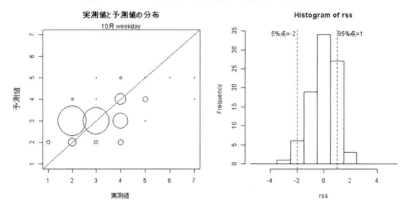

図表3－38　予測値と実測値の関係（10月平日）

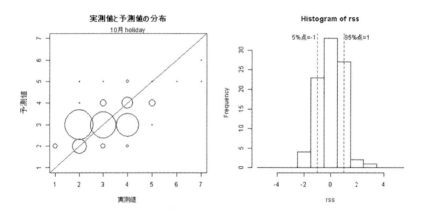

図表3－39　予測値と実測値の関係（10月休日）

（3）　住まいの延べ床面積を読み解いてみる

　電力使用量から得られる特徴量を用いて、住まいの延べ床面積を推定する
モデルを構築してみます。延べ床面積は実数値ですので、推定モデルは線形
回帰モデルを用います。特徴量としては、以下の指標を用います。

　延べ床面積の把握において、電力使用量は下記の値を算出します。

① 1日の合計電力使用量の平均値をその家庭の代表値とする

② 20時〜22時の時間帯の合計値の平均値をその家庭の代表値とする

③ 気温と電力使用量の関係を算出し、ある気温での電力使用量の期待値を求め、それを家庭の代表値とする

1時間の電力使用量と1日の合計電力使用量には強い相関があり、多重共線性があるために、変数からは除外します。また、正解率は実測値が推定値±閾値 m^2 含まれる場合に正解とすることにします。閾値は $10m^2$、または $20m^2$ とします。結果は**図表3−40〜3−46**のとおりです。

実測値と予測値の分布では、横軸が実測値、縦軸が予測値です。45度に引かれた線が、正解だった場合の線を表現しています。ヒストグラムでは、線形回帰の結果の残差の分布を表現しています。点線は5％〜95％の信頼区間を表しています。

Node の分散の大きさに留意すると、このモデルでは、残念ながら延べ床面積を予測できているとはいえないことが確認できます。

図表3−40　月別平日休日別の線形回帰の正解率

月	平日休日	正解率_閾値10	正解率_閾値20
2	holiday	0.489	0.600
8	holiday	0.295	0.591
10	holiday	0.357	0.524
2	weekday	0.400	0.622
8	weekday	0.273	0.591
10	weekday	0.405	0.667

図表3－41　予測値と実測値の関係（2月平日）

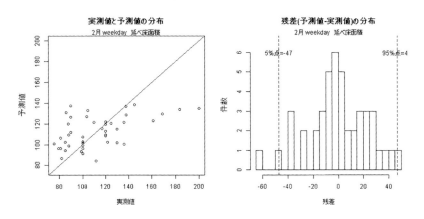

図表3－42　予測値と実測値の関係（2月休日）

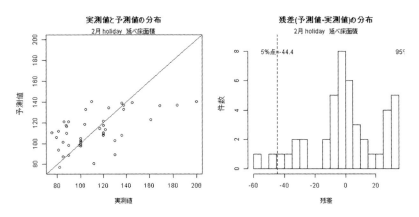

図表3−43 予測値と実測値の関係（8月平日）

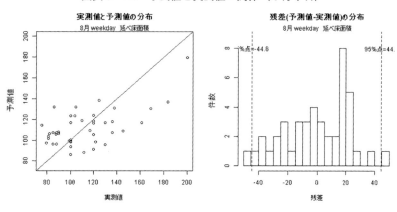

図表3−44 予測値と実測値の関係（8月休日）

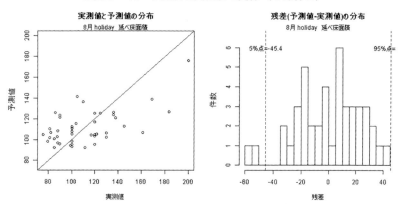

図表 3 −45　予測値と実測値の関係（10月平日）

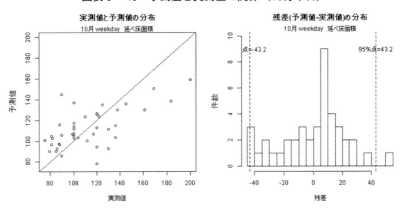

図表 3 −46　予測値と実測値の関係（10月休日）

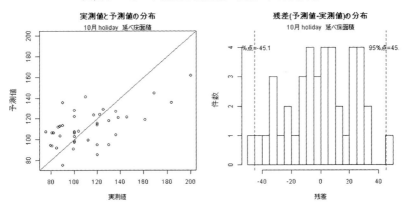

（4） エアコンを使用している部屋数、部屋面積を読み解いてみる

　電力使用量から得られる特徴量を用いて、冷暖房を使用している部屋数、部屋面積を推定するモデルを構築します。推定モデルは部屋面積の推定には線形回帰モデルを用いて、部屋数の推定にはポアソン回帰モデルを用います。特徴量としては以下の指標を用います。

　電力使用量の代表値は以下のとおりです。
　　①　1日の合計電力使用量の平均値をその家庭の代表値とする
　　②　20時〜22時の時間帯の合計値の平均値をその家庭の代表値とする
　　③　気温と電力使用量の関係を算出し、ある気温での電力使用量の期待値を求め、それを家庭の代表値とする

　1時間の電力使用量と1日の合計電力使用量には、強い相関があるため、多重共線性を考慮して、変数からは除外します。また、冷暖房を使用している部屋数、面積として下記の値を用います。
　　①　電気冷房を使用している部屋の面積、部屋数
　　②　電気暖房を使用している部屋の面積、部屋数

　①の値については8月と10月で計算し、②の値については2月と10月で計算しています。これを、部屋面積の推定値の評価は推定値±$6m^2$、または推定値±$12m^2$の範囲に実測値（実際の部屋数）が含まれていれば正解とし、含まれていなければ不正解として正解率で評価してみます。

　電気冷房を使用している部屋数、面積の結果を以下に示します。冷房を使用している面積の正解率は、閾値$6m^2$で50％〜60％台、閾値$12m^2$で80％台です（**図表3−47**）。冷房を使用している部屋数の正解率は37.6％から44.1％（**図表3−48**）。8月の休日であれば冷房使用面積は±$15.5m^2$の誤差の範囲に

全体の約90％のデータが含まれ、冷房使用部屋数は±2.0の範囲に全体の90％以上のデータが含まれることが確認できます。

（逆に、このデータだけからでは、この精度以上での推定はできないことがわかります。）

図表 3 －47　月別平日休日別の線形回帰の正解率（電気冷房面積）

月	平日休日	正解率_閾値6	正解率_閾値12
8	holiday	0.688	0.882
10	holiday	0.533	0.878
8	weekday	0.645	0.892
10	weekday	0.567	0.856

図表 3 －48　月別平日休日別のポアソン回帰の正解率（電気冷房部屋数）

月	平日休日	正解率ALL
8	holiday	0.376
10	holiday	0.422
8	weekday	0.441
10	weekday	0.433

図表 3 －49　予測値と実測値の関係（電気冷房面積、 8 月平日）

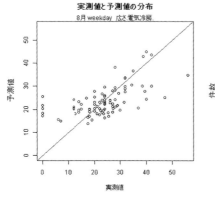
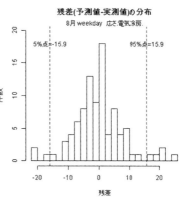

図表 3 −50　予測値と実測値の関係（電気冷房部屋数、8 月平日）

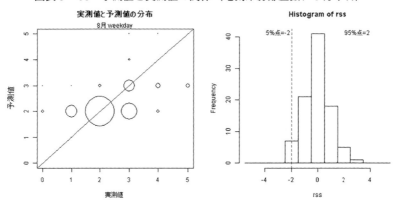

図表 3 −51　予測値と実測値の関係（電気冷房面積、8 月休日）

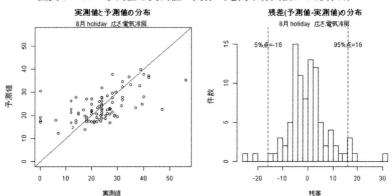

図表 3 −52　予測値と実測値の関係（電気冷房部屋数、 8 月休日）

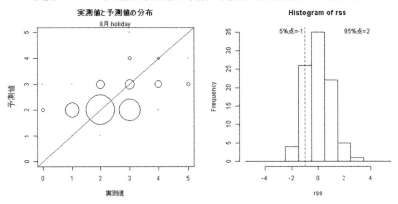

図表 3 −53　予測値と実測値の関係（電気冷房面積、10月平日）

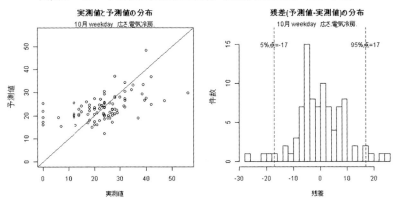

図表 3 −54　予測値と実測値の関係（電気冷房部屋数、10月平日）

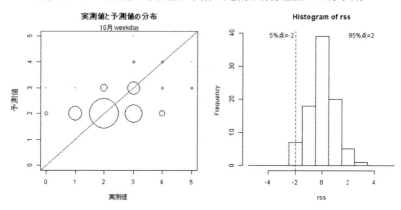

図表 3 −55　予測値と実測値の関係（電気冷房面積、10月休日）

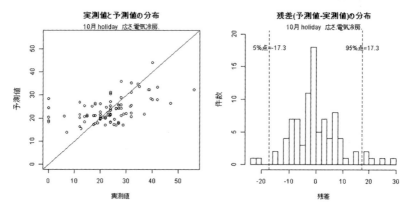

図表３－56　予測値と実測値の関係（電気冷房部屋数、10月休日）

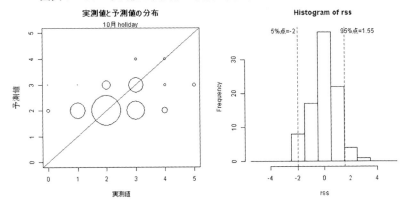

　電気冷房面積、および電気冷房部屋数に関する変数の効き具合を偏回帰係数の値で確認してみます。結果は**図表３－57、３－58**となります。

図表３－57　偏回帰係数（電気冷房面積）

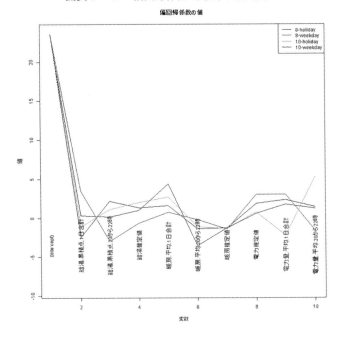

図表3−58 偏回帰係数（電気冷房部屋数）

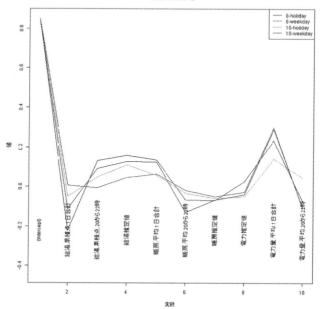

本書では、話を単純化するために、「電力使用量」という単一のデータを
用いて、さまざまな生活行動の特徴を抽出することを試みてみましたが、現
実には、さまざまなデータを組み合わせることによって、より多くの情報を
得ることができます。ここでは、電力使用量のデータだけからでも、ここま
でのことがわかるということを体感してもらえればと思います。

　電力使用量のデータだけからでも、世帯ごとによく現れるパターンを抽出
して世帯間の違いや共通点に対する知見を得ることができました。一方で、
得られたパターンの違いが世帯の何に起因しているかまでの解釈はできない
結果も一部ありました。

　特徴的な生活行動を抽出することで、世帯に特徴的なパターンを抽出する
ことができることが確認できました。ライフスタイルの把握では、起床時間

などの特定の生活行動にともなう電力使用量のパターンを定義して抽出することで、ある程度の把握が可能であることを確認することができました。

　個々の家庭に特徴的な電力使用量のパターンからライフスタイルを推定するには、電力使用量のパターンから生活行動を推定する必要があります。しかし、一方では、あらゆる生活行動にともなって顕在化する電力使用のパターンを把握できているわけではありません。そのため、電力使用量のパターンだけからでは、生活行動を把握するには至らないケースも多々ありました。さらに深掘りするためには、抽出したい行動様式の特徴に合わせて、電力使用量以外のデータを追加するか、電力使用量以外のデータを使って分析することが必要となります。

 # ③ 他にも知ることのできるさまざまな特徴

（1）　世帯ごとの電力使用の特徴的なパターン

　24時間の時系列データを規格化して、規格化したデータを用いてOPTICS（【付録】にて解説）を実行します。その大きさ（量）を規格化し、パターン（形状）に着目します。

　ある世帯の24時間の特徴的なパターンとして朝と夜間の電力使用量が多いパターン1（**図表3－59**）と、昼間の使用量が多いパターン2（**図表3－60**）が抽出されます。パターン1は夏から秋の平日のデータに対応し、パターン2は夏から秋の休日のデータに対応します。

（2）　世帯ごとの暖房パターン

　24時間の時系列データを平滑化してみます。この時、平滑化の対象は整数化により未定となる部分のみとします。つまり、計測された値のうち、1のみを平滑化対象とします。

図表3－59　パターン1（朝と夜間の電力使用量が多いパターン）

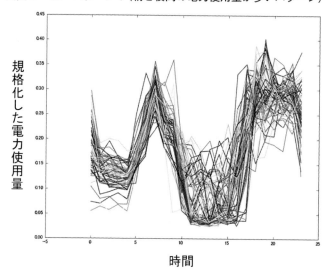

図表3－60　パターン2（昼間の電力使用量が多いパターン）

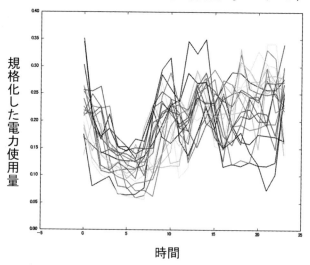

たとえば、計測値が３の場合にはそのうち１のみを未定部分として平滑化対象とし、２に関してはその時刻に使用されたことが確実なために平滑化対象からは除外します。

　また、ノイズの除去は以下のように行います。夏には暖房を利用することが少ないことから、クラスタリングの際のノイズを除去する目的で、使用量の少ない日のデータは除外します。平滑化してノイズを除去したデータを規格化し、OPTICS を実行します。

　パターン１（**図表３－61**）は12月中のデータで、パターン２（**図表３－62**）は11月と２月～５月までのデータです。

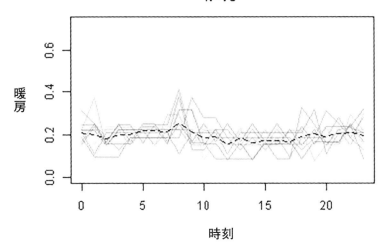

図表３－61　パターン１（12月中のデータ）

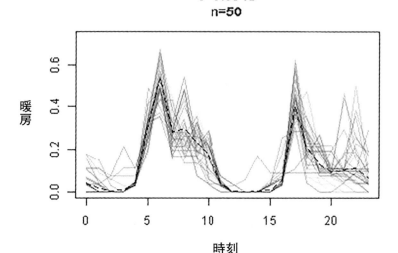

図表 3 −62　パターン 2 （11月と 2 月から 5 月までのデータ）

（3）　朝–昼–夜の特徴的な電気給湯のパターン

朝–昼–夜の使用パターンを作成してみます。

OPTICS を行うと 1 時間ずれると異なるデータとみなされるため、スパイクのみが抽出されます。

今回の分析における生活習慣において、給湯使用時間帯を朝（ 4 時〜10時）、昼（11時〜16時）、夜（17時〜）に分け、それぞれの時間帯での使用量の有り／無しを 0 − 1 で表現（合計 8 パターン）してみます。

カレンダー情報、気象情報から上記の 8 パターンを分類し、決定木によるパターン分類を行います。

図表 3 −63では、横軸は決定木の Node 番号で縦軸がそれぞれのクラスの割合を表します。この戸建＿01では、ほとんどが 1_0_1 のパターンとなっていますが、0_1_1 のパターンになる日（Node）がいくつか確認されます。

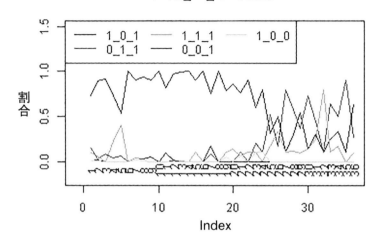

図表3-63　決定木による分類の様子

戸建_01_平均割合

（4）　電力使用の世帯間の違いの要因

さらに、再クラスタリングして要因分析を行ってみます。

世帯ごとの特徴的なパターンの結果を再クラスタリング（階層型クラスタリング）して、アンケート情報を用いた決定木による世帯ごとのパターンを分類します（図表3-64）。

図表3-64　階層型クラスタリングの分かれ方の様子

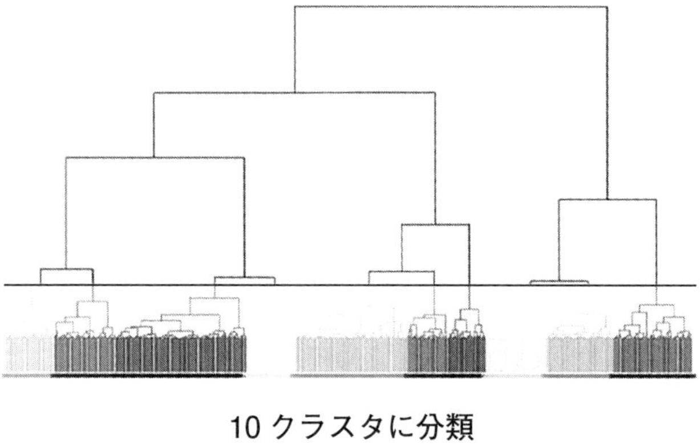

10 クラスタに分類

図表 3 −65　再クラスタリング後のパターンの例（クラスタ 5 ）

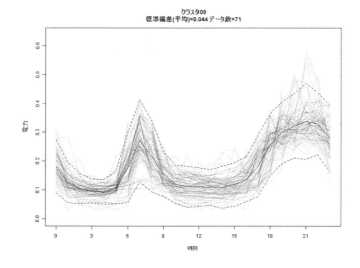

　クラスタ 5 （**図表 3 −65**）は一般的なサラリーマン家庭の平日のパターンですが、想定されるような昼間に人が少なく、夕方の帰宅時間後に人が多いというような規則性は確認できません。

　各クラスタのパターンが発生するためのルールを得ることはできます。

（5）　気温別の特徴的な電力使用パターン

　暖房使用のパターンは、朝の使用量が多いパターンが多く、寒い朝に暖房をつけていることが推察されます（**図表 3 −66**）。

　冷暖房とも使用していない場合には、朝と夜にピークが見られますが、ピークの高さは夜のほうが高くなるパターンが確認できます（**図表 3 −67**）。

　冷房使用時のパターンは夜の使用量が多いパターンや日中に使用しているパターンが見受けられ、朝の使用量はそれほど目立たず、この結果からは夜寝る際にエアコンを利用していることが推測されます（**図表 3 −68**）。

図表 3 − 66 　暖房使用時のパターンの例

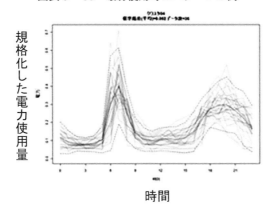

時間

図表 3 − 67 　冷暖房不使用時のパターンの例

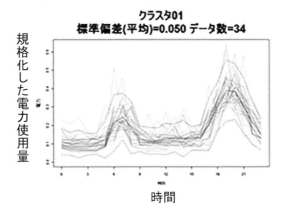

時間

図表 3 −68 　冷房使用時のパターンの例

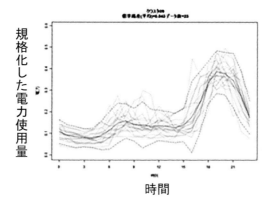

規格化した電力使用量

時間

第 4 講

エネルギー消費を
予測してみる

1 特徴的なパターンを抽出する

　家庭ごとのエネルギー消費のパターンは、自律的な要因（その家庭の生活習慣）と、外的な要因（気象条件や来客、イベントなど）で決まると考えられます。自律的なパターンは日単位で繰り返す周期的なパターンのことで、世の中が変わらなければずっと繰り返されると予想されるパターンです。

　本講の分析では、特徴的なパターンの抽出方法として、データの中に何度も現れるパターンをクラスタリングで抽出します。その際、パターンの特徴を際立たせるために、1日のエネルギー使用量については規格化をして分析を行うこととします。

　特徴的なパターンの抽出では、エネルギー使用量で規格化を行うため、エネルギー使用量に関する情報は得られません。家庭ごとの気温と使用量の関係では、家庭ごとの使用量の違いを気温との関連性で分析します。具体的には、エネルギー使用量の変動の様子として、気温が上がった場合や気温が下がった場合のエネルギー使用量の増加のタイミングとその量を、区分多項式（B-Spline）を用いて分析します。これらの家庭の特徴とアンケート結果を突き合わせることで、家庭ごとの生活様式を推定します。

　家庭間の関連性の分析においては、抽出した家庭ごとの24時間のパターンや分類規則、エネルギー使用量と気温との関係を用いて、家庭をいくつかのグループに分類します。そして、その分類された家庭をアンケート結果と比較することで、どのような特徴を持った家庭が、同じようなエネルギー使用のパターンをするのかを調べます。

　グループ化の方法としては、家庭ごとの特徴的なエネルギー使用量のパターンを用いたクラスタリングや、家庭ごとのパターンの出現頻度を用いたクラスタリングを行います。

また、エネルギー使用量と気温の関係を用いた家庭のグループ化も行います。

　グループ化の方法としては、すべての家庭に対して、区分多項式を中心値として K-Means ライクなクラスタリングや、家庭ごとに求めた区分多項式の係数を用いたクラスタリングを行います。

　ここでは、エネルギー使用量の代表である電力使用量を分析します。

2　電力使用量データを分析してみる

　家庭ごとの分析では、個々の家庭の生活習慣・様式の把握を目的に、個々の家庭に特徴的なエネルギー使用量のパターンと気温と使用量の関係を抽出する分析を行います。

　家庭のエネルギー使用量のパターンは、自律的な要因と、外的な要因で決まると考えられます。そのため、自律的なパターンは日単位で繰り返す周期的なパターンで、世の中が変わらなければいつまでも繰り返されることが期待されるパターンといえます。そのため、家庭の生活習慣に特有のパターンが現れることが期待されます。

　本講では、家庭ごとの特徴的なパターンとして、データの中に何度も現れるパターンを抽出することとします。特徴的なパターンを探索する方法としては、教師なし学習であるクラスタリングの手法を用います。クラスタリングとは、データを似ている者同士にまとめる手法です。本分析では、その中でも密度ベースのクラスタリングである OPTICS と呼ばれる手法を用いることにします。

　得られる特徴的なパターンは1つではなく、実際に、いくつかのパターンが得られます。このパターンの違いを外的要因で説明するために、決定木と呼ばれる手法を用いて分類します。外的要因として、気象（気温、降水量、

日照時間、風速）と、カレンダー情報（曜日、平日・休日）を用います。

　また、外的要因による変化が連続的である場合には、特徴的なパターンをクラスタリングにより抽出することが難しいと考えられます。そこで、今回はOPTICSで特徴的なパターンが抽出されなかった家庭のデータに対して、多目的決定木と呼ばれる複数の目的変数をもつ決定木を用いた回帰分析を行い、24時間のパターンの気象情報やカレンダー情報による回帰を行います。

　家庭ごとの気温と電力使用量の関係では、家庭ごとに、気温による電力使用量の変動の様子として、気温が上がっていった場合や気温が下がっていった場合の電力使用量の増加のタイミングとその量を、区分多項式（B-Spline）を用いて分析します。

（1）　OPTICSによるクラスタリング

　クラスタリングには、さまざまな手法があります。有名な手法には、K-Means法があります。K-Means法は、クラスタ（中心）をそこに含まれるデータの平均値で特徴づけして、個々のデータを距離が近いクラスタに配分し、クラスタの中心値をさらに更新して……、という操作を繰り返し、クラスタの中心値を更新していくことでグループ分けを行うアルゴリズムです。

　この手法は、クラスタリングの中でもPartitioningと呼ばれる方法に分類されるもので、すべてのデータを最も距離が近いクラスタに配分することで、すべてのデータを分割（Partition）するものです。この手法では、仮に、データが一様に分布していたとしても指定した個数にデータを分割することが可能です。そのため、結果として、得られた代表値同士は異なるがクラスタの境界にあるデータ同士は似ている、すなわち、その境界に必然的な意味はないということになります。（このほかにも、得られるクラスタの分散が大きくなるという問題もあります。これは分割するクラスタの数を多くすることで回避可能ですが、分割面の必然性という問題は残ります。）

ここでの分析では、他のどれともあまり似ていないということが考えられるため、代表値を用いてデータを分割する Partitioning 法である K-Means 法は採用しないことにします。

　ここでは、データ空間内で似たデータが多い、すなわち、密度の濃い領域を探すことにします。そこで、密度ベースの方法である OPTICS と呼ばれる方法を採用することにします。

　このアルゴリズムは、データ空間内で、データの密度の濃い領域を探索するアルゴリズムで、今回のケースのように、特徴的なパターンがいくつあるかわからないような状況など、似ているデータの多い問題（密度の高い領域を探索する問題）に適しています。

　OPTICS を適用した結果は、以下のようになります。

【ある集合住宅 A の電力量（例）】

　reachability のグラフは**図表 4 － 1**のようになります。

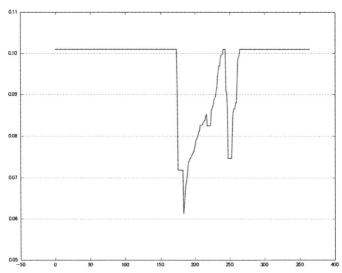

図表 4 － 1　ある集合住宅 A の電力量（例）の reachability

reachabilityのグラフは、横軸がデータ件数、縦軸がcore objectとなるデータ間の距離を表しています。reachabilityが小さいということは、近くにcore objectがあるということを表しており、その領域は密度の濃い領域を形成していることがわかります。このグラフを見ると、170〜240件あたりでreachabilityが小さくなっていることから、近くに密度の濃い領域があり、240件あたりで一旦濃い領域が閉じ、そこから260件あたりまで、また別な密度の濃い領域が始まるということがわかります。

　2つのクラスタのデータをそれぞれプロットすると**図表４－２、４－３**のようになります。横軸は時刻、縦軸は電力使用量で、１本の折れ線が１日分のデータを表します。ただし、cosine距離での近さがわかりやすいように、１日分のデータの長さが１となるように正規化してあります。
　データの詳細を確認すると、図表４－２は夏から秋の平日のデータに対応します。図表４－３は夏から秋の休日のデータに対応します。

図表４－２　ある集合住宅Ａの電力量（例）のクラスタ１

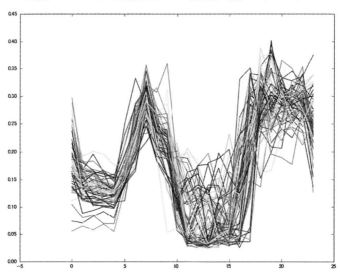

図表 4 - 3　ある集合住宅 A の電力量（例）のクラスタ 2

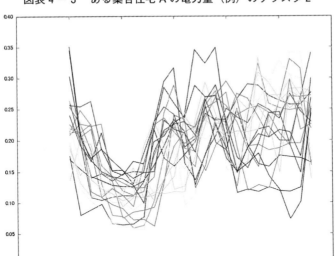

【別の集合住宅 B の電力量（例）】

reachability と各クラスタのグラフは**図表 4 - 4 ～ 4 - 8** のようになります。

図表 4 - 4　別の集合住宅 B の reachability

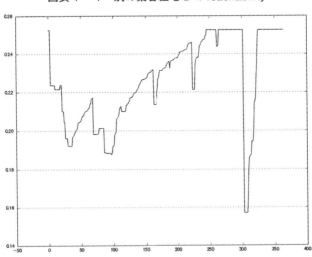

図表4－5　別の集合住宅Bのクラスタ1

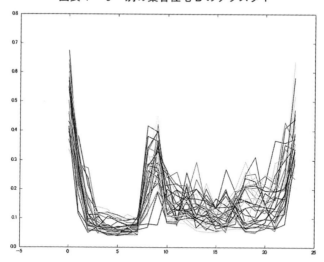

図表4－6　別の集合住宅Bのクラスタ2

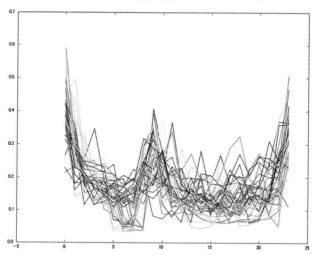

図表 4 － 7　別の集合住宅 B のクラスタ 3

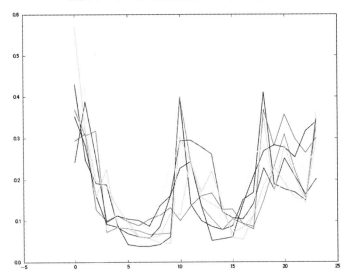

図表 4 － 8　別の集合住宅 B のクラスタ 4

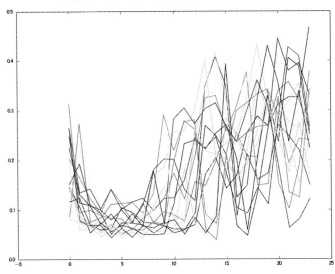

さまざまにパラメータ調整を行っていくと、特徴的なパターンは抽出されますが、分散が大きくきれいなパターンを抽出できない家庭も存在します。そこで以下の対応を考えます。

（2）　Reachability での谷の抽出

　OPTICS では、近傍値を小さくとると、クラスタとして抽出される件数が少なくなります。逆に、大きくすることで、クラスタは抽出されやすくなりますが、得られたクラスタに含まれるパターンのバラツキが大きくなるというトレードオフの関係にあります。

　たとえば、**図表4－9**のようなデータ分布がある場合、右側のグループを抽出しようとすると、左側の大きなグループは1つのクラスタとして抽出されてしまうことになります。

　そこで、閾値を調整して、以下のグループをすべて抽出できるようにし、その後、reachability のグラフで、谷になっているところは、他の領域に比べてデータ密度の濃い領域（**図表4－10**でいうと大きなクラスタ内に含まれる濃い領域）であるとして抽出することを試みます。

図表 4 － 9　ある戸建住宅 A の reachability

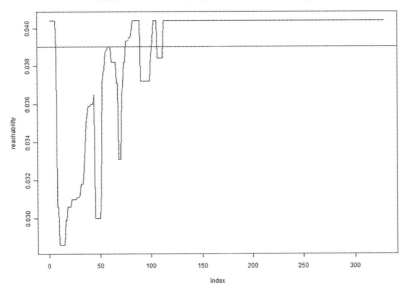

図表 4 － 10　ある戸建住宅 A における分布のイメージ

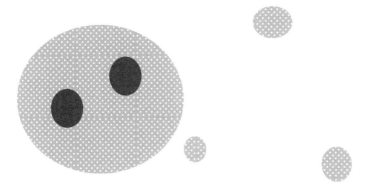

結果は以下のようになります。

【ある戸建住宅 B】

　図表4－11、4－12は、ある戸建住宅 B の reachability と一番左の大きな
クラスタの様子です。

図表4－11　ある戸建住宅 B の reachability

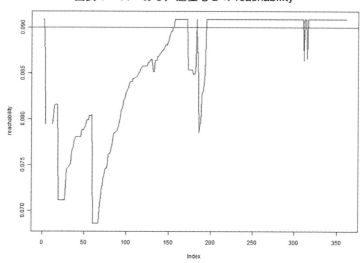

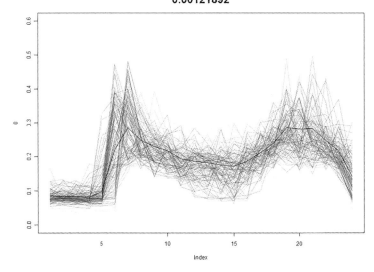

図表 4 −12　ある戸建住宅 B のクラスタ 1

0.00121892

　図表 4 −13で灰色（網掛け）になっている谷のうち、上記のクラスタに含まれる左から 4 つの谷の様子を図示します（**図表 4 −14〜 4 −17**）。

図表 4 −13　ある戸建住宅 B の谷を抽出

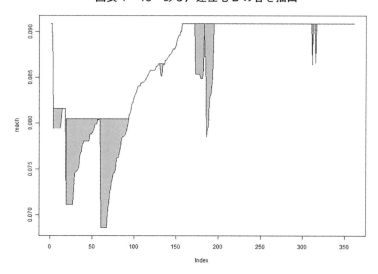

図表 4 −14　ある戸建住宅 B の谷 1

0.00045289

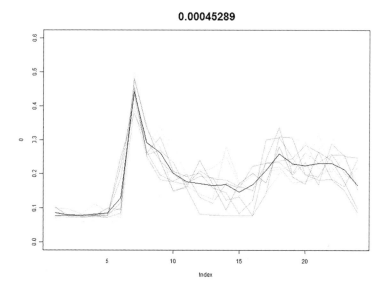

図表 4 −15　ある戸建住宅 B の谷 2

0.00062741

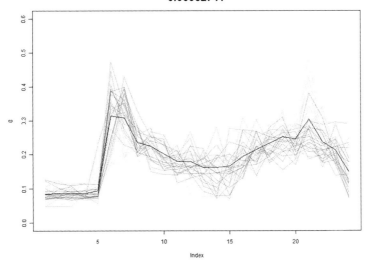

図表 4 −16　ある戸建住宅 B の谷 3

0.00033272

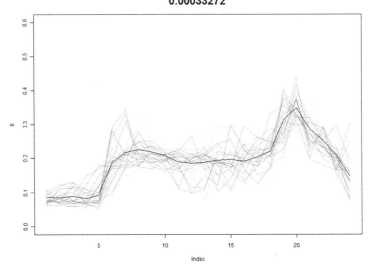

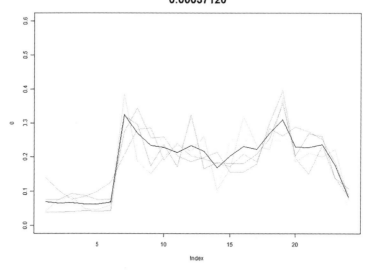

図表 4 － 17　ある戸建住宅 B の谷 4

0.00037120

【ある集合住宅 C】

　図表 4 － 18、4 － 19はある集合住宅 C の reachability と、左から 3 番目の
クラスタの様子です。

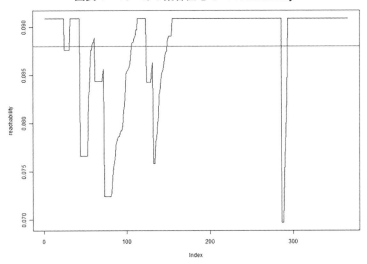

図表 4 −18　ある集合住宅 C の reachability

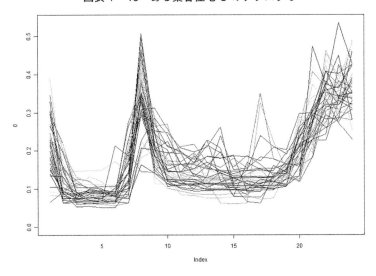

図表 4 −19　ある集合住宅 C のクラスタ 3

図表4−20で灰色になっている谷のうち、上記のクラスタに含まれる左から3番目と4番目の谷の様子を**図表4−21**、**4−22**に図示します。

図表4−20　ある集合住宅Cの谷を抽出

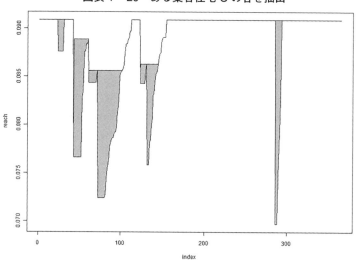

図表4−21　ある集合住宅Cの谷3

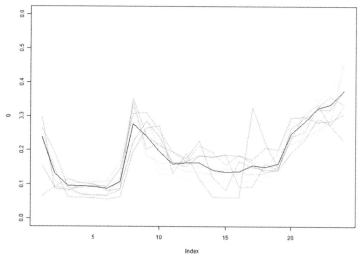

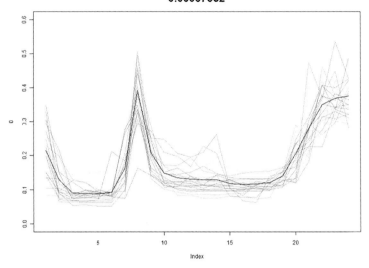

これらを確認すると、抽出されたデータがきれいにまとまっていることが確認できます。実際に、分散分析により、クラスタに含まれるデータの分散と、クラスタ間の分散の関係を調べたところ、以下の結果となります（ただし、F 検定の p 値は 1 ％としています）。

　　OPTICS：97家庭でパターン抽出のうち、64家庭で違いがある
　　谷　　　：97家庭でパターン抽出のうち、77家庭で違いがある

　さらに、谷が多く出現するように、noise の割合が 1 ／ 3 以下になるようにOPTICS の近傍値を調整して、分散分析を行ったところ、以下の結果となります。

　OPTICS：97家庭でパターン抽出のうち、25家庭で違いがある

谷　　　：97家庭でパターン抽出のうち、94家庭で違いがある

　谷を抽出することで異なるパターンを抽出できるようになったことが確認できます。

違いがあると判定された物件
【ある戸建住宅B】

図表4－23　ある戸建住宅Bのクラスタ1

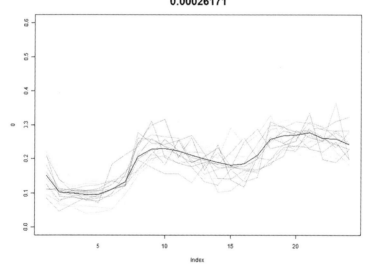

図表 4 − 24　ある戸建住宅 B のクラスタ 2

0.00038364

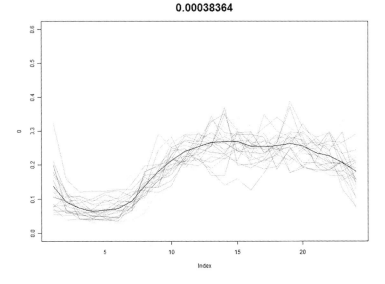

図表 4 − 25　ある戸建住宅 B のクラスタ 3

0.00016300

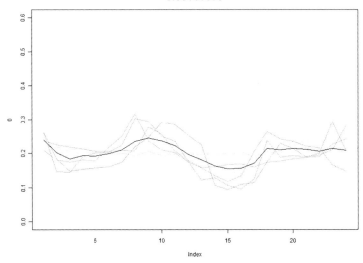

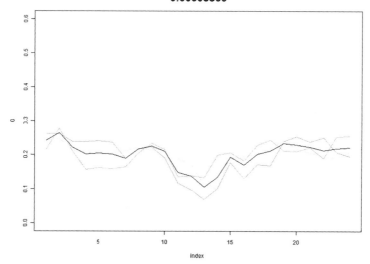

図表4－26　ある戸建住宅Bのクラスタ4

0.00008865

　クラスタ2（**図表4－24**）が他のクラスタとは明らかに異なり、昼間から夕方の電力使用量が多いクラスタとなっています。

　この方法の問題点は、谷のみを取るために、抽出されたクラスタに含まれるデータ件数が少なくなってしまうことです。また、もともとはOPTICSで同一のクラスタに含まれるデータを分けているために、それなりに似ているパターンが複数抽出されてしまうという問題点もあります。

（3）　決定木によるクラスタリング結果の分類

　ここでは、OPTICSで得られたクラスタの情報を、気象などの外部要因から説明するために、決定木を用いて分類モデルを作成します。その結果、OPTICSの結果と整合するように見える家庭もあれば、まったく整合しないように見える家庭もあることがわかります。

　図表4－27の上はOPTICSでのクラスタ分けであり、下はOPTICSのクラス分けを学習して作成した決定木モデルによるクラスタ分けです。ここでは

図表 4 −27　分類モデルが整合する家庭

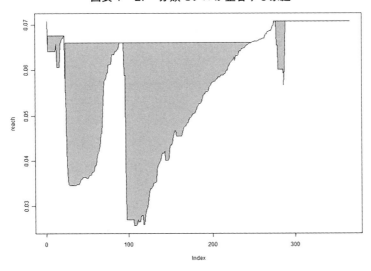

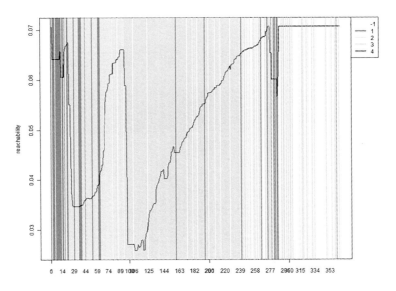

色の違いがわかりませんが、各色がそれぞれ１つのクラスタに対応していま
す。なかには、色が混在している部分はありますが、おおむね１つの谷に１
つのクラスタが対応するような決定木モデルが作成できています。

図表４－28　分類モデルが整合しない家庭

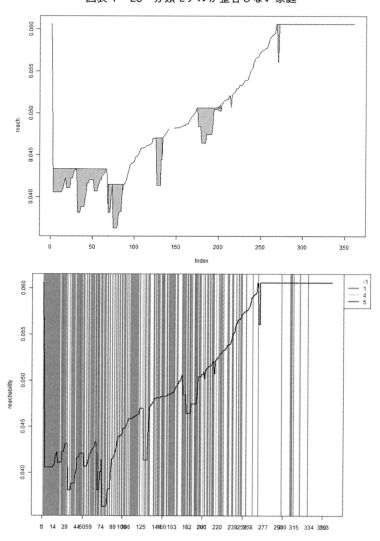

図表4－28では、OPTICSでは別のクラスタとして判断した左側の3つの谷が、決定木モデルではすべて同じクラスタになっています。つまり、3つのクラスタの違いを説明することのできないモデルとなってしまったことがわかります。

　これらの結果については、うまく分類できない条件の日は、そもそも分散の大きい場合（たとえば雨の日は通常と異なる振る舞いとなるので、分散が必然的に大きくなるなど）や、特徴的なパターンの違いを説明するための情報が少なくて説明しきれていない場合もあると考えられます。

　以上の結果からは、おおよそ3割程度の家庭は、OPTICSの結果を決定木で説明可能（パターンの違いが気象や曜日などで説明可能）であると確認できます。

（4）　多目的決定木によるパターン分類

　OPTICSではきれいに分類できない家庭に対しては、外的要因により特徴的なパターンが連続的に変化していることも考えられます。そこで、OPTICSで特徴的なパターンが抽出されなかった家庭のデータに対して、多目的決定木と呼ばれる複数の目的変数をもつ決定木を用いた回帰分析を行い、24時間のパターンの気象情報やカレンダー情報による回帰を行います。

　（ある条件でデータを分割した場合にきれいな（分散の小さな）パターンが抽出されるような条件を、多目的決定木と呼ばれるアルゴリズムを用いて探索します。連続的に変化しているパターンを強制的に分割するという意味ではPartitioningのクラスタリングと似ていますが、その境界のある変数の閾値で分割されるという意味づけがなされる点で異なります。）

　OPTICSとの違いは、事前に分類すべき外部要因を用いて分類した結果がきれいに分類されるような外部要因を探索しているため、説明可能な情報がデータに含まれていない場合には、仮に特徴的なパターンがあったとしても

それを抽出することはできません。一方で、得られた結果を説明しやすい（すでにある情報のみを用いているため）というメリットがあります。

　こちらの分析は、データを規格化したデータと、規格化する前のデータの2通りに対して行います。その結果、規格化した場合には、分散が大きくなり、きれいなパターンが抽出されないことがわかります。

図表4−29　「規格化あり」と「規格化なし」の場合の差異

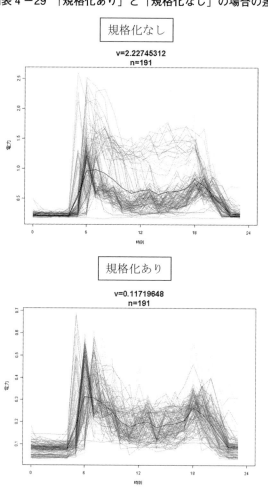

図表 4 −29は、「規格化あり」の場合と「規格化なし」の場合で抽出された、ある戸建住宅のクラスタです。ほぼ同じデータを抽出していますが、規格化なしのほうがばらつきが大きく、分散の大きいクラスタとなっています。

　規格化を行ったデータを用いた場合には、OPTICS に比べて多くのグループに分かれる傾向があります。得られたグループの期待値の情報のみを用いた場合には OPTICS と似たようなグループが抽出されています。ただし、OPTICS に比べて、得られたグループの分散が大きくなっています。これは、同じ条件の日とはいえ、同じ行動をするわけではない、ということを示唆しています。

（5）　気温での規格化の検討

　ここではさらに、気温を用いた規格化を行ったデータを用いてクラスタリングを行うことを検討します。規格化の方法として、家庭ごとに気温と電力使用量のデータから局所回帰を用いてデータを回帰し、気温に対する電力使用量を求めます。規格化は、1 日の電力使用量の和が等しくなるように、

$$x_t = \frac{y_t}{Y}$$

　y_t：時刻 t の電力使用量

　Y：その日の平均気温での電力使用量

　x_t：規格化された電力使用量

として算出します。

　結果は以下のとおりです。

戸建住宅 C

図表 4 −30　reachability　気温で規格化 Euclid 距離

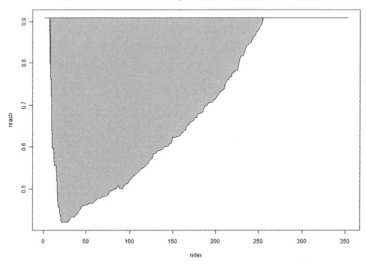

図表 4 −31　reachability　Cosine 距離

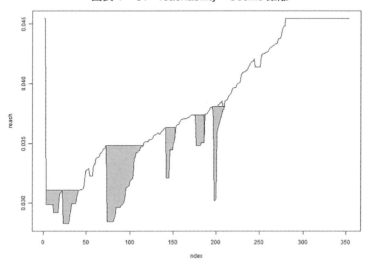

集合住宅 D

図表 4 −32　reachability　気温で規格化 Euclid 距離

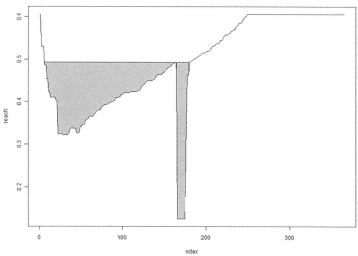

図表 4 −33　reachability　Cosine 距離

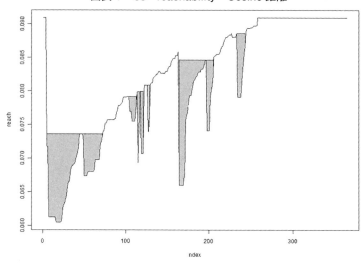

上が気温で規格化した場合の reachability のグラフであり、下が今までの規格化での reachability です。全体的な傾向として、気温で規格化した場合のほうが滑らかになり、細かい谷が現れなくなっています。全体として1つのパターンしか現れなくなる傾向が見られます。そのため、ライフスタイルを分類する目的には適さないと判断できます。

（6） 気温と電力使用量の関係

電力使用量は気温と非常に密接に関連しています。この分析では、パターンは使用量と独立に分析していますが、パターンがきれいに出ない原因として電力使用量が少ない日はばらつきが多いなどの原因があることが予想されます。そこで、電力使用量に関して、まずは気温との関係を確認します。

結果を見ると、平日と休日で電力使用量と気温との関連性が異なる家庭もあれば、気象条件により電力使用量と気温との関連性が異なる家庭も確認されます。

図表4－34は、戸建住宅Eの平均気温と1日の電力使用量の散布図です。●が休日（土日祝日）、●が平日を表しています。全体的に休日の電力使用量が高めになっており、この家庭では平日と休日で、電力使用量と気温との関連性が変化することがわかります。

図表4－35は、ある戸建住宅Fの平均気温と1日の電力使用量の散布図です。●は日照時間が短い日、●は日照時間の長い日、●は日照時間が中間の日を表しています。●の日照時間の短い日に電力使用量が増える傾向があることが確認できます。これは、乾燥機等の使用が増えるためと推測できます。

さらに、OPTICS の結果を合わせたものが以下となります。

図表4－36は、戸建住宅Gの平均気温と1日の電力使用量の散布図とreachability のグラフです。散布図はOPTICS の谷によるクラスタで色分けし

図表 4 −34　ある戸建住宅 E の平日休日による違い

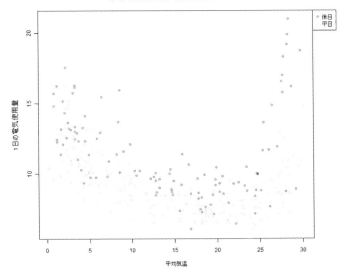

1日電気使用量/気温×電力使用量×休日フラグ

図表 4 −35　ある戸建住宅 F の日照時間による違い

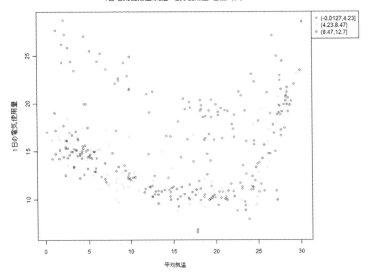

1日電気使用量/気温×電力使用量×日照時間

図表 4 ー36　ある戸建住宅 G の OPTICS の結果と組み合わせ

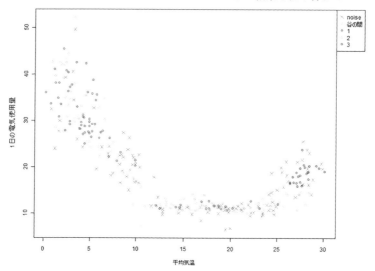

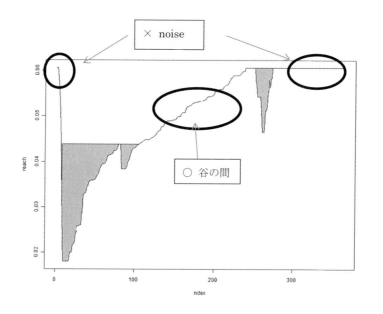

ています。1番左の谷が●、左から2番目の谷が●、3番目の谷が●です。OPTICSで閾値を超えてnoiseとして判定されたデータは×、noiseではないが谷に含まれなかったデータは薄い○で表してあります。●のクラスタは散布図で確認してもまとまっており、気温の高い日の特徴を抜き出したクラスタとなっています。

　一方で、●と●は散布図で確認すると混ざり合っており、気温では説明のつかない原因で特徴づけされるクラスタとなっています。

　各家庭の気温と電力使用量の関係を見ると、気温が低くなった場合に電力使用量が増える家庭と増えない家庭があることがわかります。また、夏の気温に対して電力使用量の変化があまりない家庭も確認できます。

　図表4−37は、各家庭の平均気温と1日の電力使用量の散布図です。家庭によって、電力使用量の変化の様子が大きく異なることが確認できます。

図表4－37　気温による電力使用量の変化

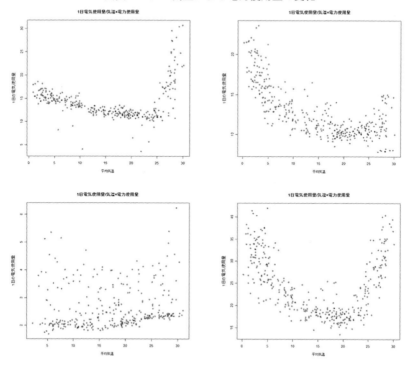

　このように、家庭ごとに、気温による電力使用量の変化のタイミングやその量が異なることがわかります。気温が上がっていった場合や気温が下がっていった場合の電力使用量の増加のタイミングとその量を、区分多項式（B-Spline）を用いて分析します。結果は**図表4－38～4－41**のようになります。

　グラフの横軸が平均気温、縦軸が1日の電力使用量を表します。実線があてはめた区分多項式です。knot1、knot2は線分の結合点の平均気温を表します。grad1、grad2、grad3はそれぞれ、左から1番目、2番目、3番目の線分の傾きを表します。

【うまくいく家庭の例】

図表 4 −38　戸建住宅 H の B-Spline

	knot1	knot2	grad1	grad2	grad3
戸建H	11.37431	21.73782	−1.02052	0.025546	2.425328

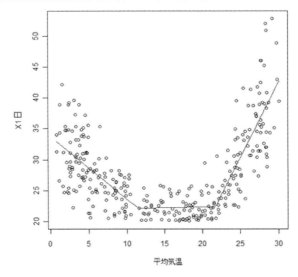

図表 4 −39　戸建住宅 I の B-Spline

	knot1	knot2	grad1	grad2	grad3
戸建I	12.70349	23.04213	−2.29239	−0.03933	1.340525

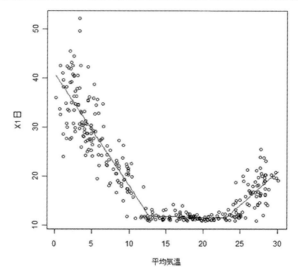

【うまくいかない家庭の例】

図表 4 −40　戸建住宅 J の B-Spline

	knot1	knot2	grad1	grad2	grad3
戸建J	8.901201	13.99998	−0.04221	0.036854	0.091632

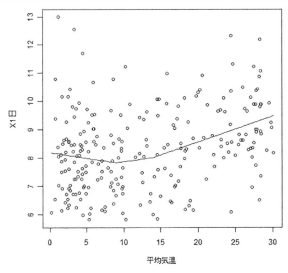

図表 4 −41　集合住宅 E の B-Spline

	knot1	knot2	grad1	grad2	grad3
集合E	11.88353	16.70094	−0.78227	−1.84347	0.402455

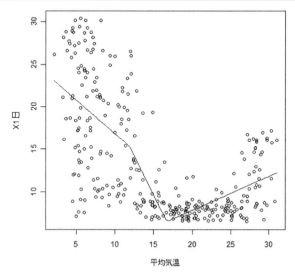

　ある戸建住宅 H、I のように平均気温に対する使用量のばらつきが少ない家庭の場合には、使用量が区分多項式できれいに表現できるため、冷暖房を使用し始める気温を knot1、knot2 の値として取得することができます。

　一方で、戸建住宅 J、集合住宅 E のように、平均気温に対する使用量のばらつきが大きい家庭では、区分多項式で使用量を表現することができません。

第 **5** 講

検定とサンプリング
について考える

検定・推定とサンプリングの位置づけ

（1） なぜサンプリングが必要なのか

統計学は、大きく2つに分かれます。1つは記述統計学で、もう1つは推測統計学です。これら2つはどのように違うのでしょうか。

前者の記述統計学は、扱うデータの特徴を平均や標準偏差で整理して記述するものです。つまり、扱うデータのことについてしか記述しません。

これに対して、推測統計学は、対象とする全体（母集団）から部分（標本・サンプル）を抽出して、その部分のデータから理論的に全体を推測します。つまり、全体のデータを全数取得することが不可能か困難な場合に、その中の一部のデータを抽出して分析することで、全体の傾向を知ろうとするものです。

当然、分析に使用するデータの抽出方法が大切になります。このデータの抽出のことをサンプリングといい、正しいサンプリングをするための理論をサンプリング理論といいます。

（2） 検定・推定・サンプリング理論とは

① 検定（仮説検定）

検定・推定とは、「偶然のばらつき（誤差）」と「意味のある違い（有意差）」を切り分けることをいいます。通常起こりえる誤差の範囲を超えて、何らかの意味のある違い（有意差）があるかどうかを確かめることです。

② 推定（区間推定）

誤差の範囲をあらかじめ念頭に置いて、標本から母集団の母数（平均・標準偏差…）がある確率（たとえば95%）以上で含まれることが保証される区間を推測することをいいます。

③　サンプリング理論

　検定・推定と、「サンプリング」は表裏一体の関係にあります。目的に適う誤差の範囲内でサンプルから母集団を推測できるように、適切なサンプリングを実施するための方法論のことです。

　当然、サンプル数が少なければ誤差は大きくなり、サンプル数を増やすためにはコストがかかることがあります。あらかじめ目的とする検定・推定を視野に入れて、検定・推定に必要なサンプル数を逆算することで、効率的なサンプリング（データ取得）ができるようになります。

 ## ② 仮説検定の流れ

（1）　帰無仮説（H_0）の設定
まず棄却されることを前提とする仮説を立てます。
たとえば、$H_0 : A = B$

（2）　対立仮説（H_1）の設定
次に、採択されることを前提とする仮説を立てます。
たとえば、$H_1 : A \neq B$

最終的に検証したい（採択したい）仮説が対立仮説です。
たとえば、（1）、（2）のとおり、以下のように設定します。
　　　帰無仮説 $H_0 : A = B$
　　　対立仮説 $H_1 : A \neq B$

　ここで、帰無仮説が棄却された場合には、対立仮説が採択されるので、「AとBは異なる」という結論が導かれます。
　逆に、帰無仮説が棄却されない場合には、「AとBは異なるとはいえな

い」という結論となります。ここで注意が必要なことは、「AとBは等しい」という結論とはならず、判断が留保されるということです。

（3） 検定統計量（*T*）の計算

検定統計量（*T*）は、多くの検定統計量の中から、条件に合ったものを選択します。

- ・検定統計量（*T*）は、標本統計量（標本平均や標本標準偏差）の関数で確率変数である
- ・検定統計量の計算方法は、実施したい検定の条件によって異なる

つまり、条件を整理して、適切な検定統計量を定めることが検定のポイントになります。

検定統計量の選び方（詳細は後述）は、以下のとおりです。

① 「パラメトリック」か「ノンパラメトリック」か

② 検定の目的

③ サンプルサイズ

④ σ が既知か、未知か

⑤ 「対応のないデータ」か「対応のあるデータ」か

（4） 棄却域（*R*）の決定

棄却域とは、仮説検定において、検定統計量（*T*）がその領域に入った場合には、その仮説を棄却すると決めた領域のことです。

すなわち、検定統計量（*T*）が棄却域（*R*）に入るか、採択域に入るかによって、検定の結果が決まります。もし、検定統計量（*T*）が棄却域（*R*）に入った場合には、帰無仮説 H_0 のもとでは、起こる確率が有意水準（たとえば 5％ など）よりも低いということが確認されたことになります。

つまり、「$T \geqq R$ ならば帰無仮説（H_0）は棄却され、対立仮説（H_1）を採択する」ということです。

　このことは、帰無仮説 H_0 のもとで偶然に起きている事象とは考えにくいということから導かれる結論となります。

 ## 3　片側検定と両側検定

　検定には、片側検定と両側検定があります（**図表 5 − 1**）。仮説検定の目的に応じて、あらかじめ両側検定か片側検定かを決める必要があります。

　どういう場合に使い分けるのかについて、以下で説明します。

　・**片側検定**

　　　分析者が特定の方向に関心がある場合

　・**両側検定**

　　　分析者が両側の偏りに関心がある場合

　　　調査結果の方向性が想定できない場合

--- Note --

片側検定と両側検定の使い分け

　結果の方向性に確固たる仮説がない場合には、実務上は、両側検定を用いることが多いようです。（帰無仮説を誤って棄却してしまう可能性を抑えるからでしょう。）

（1）　有意水準 α

　有意水準 α とは、仮説検定を行う場合に、帰無仮説を棄却するかどうかを判定する基準の確率をいいます。この α には 5 ％または 1 ％をよく使用します。

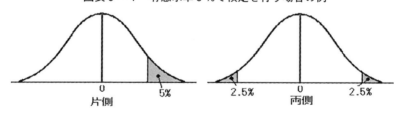

図表5-1　有意水準5%で検定を行う場合の例

片側　5%

2.5%　2.5%　両側

　たとえば、有意水準5%で仮説検定を行うということは、結論が5%は間違っている可能性を含むということを指します。ゆえに、このαをもっと小さくして、有意水準1%で仮説検定を行う場合には、結論が誤っている確率は1%という意味となります。

①　有意水準αは「第一種の誤り」の確率と一致する

　上述のとおり、有意水準αを大きくすることは、「第一種の誤り」の許容度を高めることになります。一方で、有意水準を大きくすることで、「第二種の誤り」の確率は下がります（つまり、検出力が高まることを意味します）。

　ここで、第一種の誤りとは、誤った結論を下すリスクのことをいい、第二種の誤りとは、本来は正しい結論が保留されるリスクのことをいいます。この両者はトレードオフの関係にあります。すなわち、第一種の誤りを減らそうとすれば、第二種の誤りが増えることになり、この逆も成り立ちます。

　したがって、「有意水準αで（検定すると）有意差が認められた」ということと、「危険率αのもとで有意差がある」とは同じ意味で捉えることができます。

②　有意水準αの設定

　有意水準αは、一般的なビジネスの実務では5%が使用されることが多いですが、厳密さが要求される自然科学研究などでは1%、人文科学系の分野では10%が使用されることもあります。

　いずれにしても、ビジネスにおいてはある程度の不確実性を許容したうえ

で、施策を打ち出さざるを得ません。

（2）　有意水準と棄却域

図表5－2　有意水準と棄却域

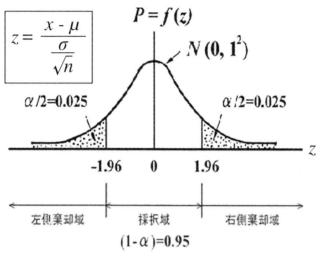

① 第一種の誤りと第二種の誤り（危険率と検出力）

第一種の誤りと第二種の誤りの関係を**図表5－3**に示します。

・**第一種の誤り**（生産者危険・あわてものの誤り・空振り）

　すなわち、確率α＝危険率＝有意水準

・**第二種の誤り**（消費者危険・ぼんやりものの誤り・見逃し）

　すなわち、確率β＝1－検出力

ここで、危険率αは有意水準を定めることで一意にコントロールできますが、検出力βは完全にはコントロールすることができません。

ただし、1－βを高めるためには、一般に以下の2つしかありません。

・αを大きくする

・サンプル数を大きくする

図表 5 - 3　第一種の誤りと第二種の誤りの関係

		検定による判定	
		H_0を採択（H_0を棄却しない）	H_1を採択（H_0を棄却）
仮説の真偽	H_0は真	正しい判定（確率$1-\alpha$）	第一種の誤り（確率α＝有意水準）
	H_0は偽（H_1は真）	第二種の誤り（確率β）	正しい判定（確率$1-\beta$＝検出力）

　αを一定に保ったうえで$1-\beta$を望む水準まで高めるためには、あらかじめいくつかの仮定を置いて、必要な$1-\beta$を得られるだけのサンプル数を概算することが有効な解決策となります（これが後述するサンプリングデザインです）。

 ## 仮説検定法の分類

（1）「パラメトリック」と「ノンパラメトリック」

　パラメトリックとは、母集団の分布のパラメータについて仮定を置く検定法です。一般に母集団の正規性を仮定します。

　たとえば、平均の差の検定、分散の検定などです。ただし、間隔尺度、比率尺度にのみ適用が可能です。

　ノンパラメトリックとは、母集団の分布について仮定を置かない検定法です。たとえば、比率の差の検定、独立性の検定、適合度の検定、順位検定などです。

　こちらは、間隔尺度、比率尺度に加え、名義尺度、順序尺度にも適用が可能です。

　分布の仮定を必要としないため、一般に適用範囲が広く、頑健な手法といえますが、検出力ではパラメトリックに劣るのが一般的です。

母集団の分布を仮定しないノンパラメトリック検定

　通常の統計的検定では、母集団分布として正規母集団などの特定の分布を仮定します。たとえば、母分散が未知の場合の母平均の検定には、t検定を行うことを説明しましたが、これには母集団として正規分布が仮定されています。

　このように母集団分布を定めた検定をパラメトリック検定といいます。

　これに対して、母集団の分布について何も仮定しない検定のことをノンパラメトリック検定といいます。分布を仮定しないわけですから、このノンパラメトリック検定には、さまざまな工夫が施されています。

① σが既知か、未知か

これは、平均の検定の場合にのみ問題となります。

通常は母集団の標準偏差 σ は未知です。

② 「対応のないデータ」と「対応のあるデータ」

　対応のないデータとは、2つの異なる標本から導かれた独立なデータのことをいいます。たとえば、商品 A ユーザーと、非商品 A ユーザーの比較などです。

　対応のあるデータとは、同一標本から導かれた2つの対応するデータのことをいいます。たとえば、同一ユーザーに対する商品 A の購入前と購入後の比較などです。

（2） 代表的な仮説検定法の分類

パラメトリック	平均	1つの検定		σ既知または大標本		z分布
				σ未知かつ小標本		t分布
		2つの差の検定	対応なし	σ既知または大標本		z分布
				σ未知かつ小標本	等分散	t分布
					非等分散	ウェルチt分布
			対応あり	大標本		z分布
				小標本		t分布
	分散	1つの検定				χ二乗分布
		2つの比の検定				F分布
	相関係数	無相関の検定	ピアソンの相関係数			t分布
			偏相関係数			t分布
	回帰係数	係数ゼロの検定				t分布
ノンパラメトリック	比率	1つの検定		大標本（np≧5かつn(1-p)≧5）	無限母集団	z分布
					有限母集団	有限修正係数を使用した正規分布
				小標本（np<5またはn(1-p)<5）	無限母集団	F分布（精密法）
					有限母集団	超幾何分布
		2つの差の検定				z分布
	適合度・独立性					χ二乗分布
	代表値（平均、分散…）	2標本の差	対応なし	マン・ホイットニーのU検定		固有の分布
			対応あり	ウィルコクソンの符号付順位和検定		固有の分布
	順位相関係数	無相関の検定		スピアマン検定		t分布

　代表的な検定方法を一覧にまとめました。なかでも、よく使うのは灰色の網掛け部分です。

　ここでは、平均の検定として代表的なt検定について説明します。

① 平均の検定（t検定）

　正規分布に従う母集団の母平均をμとし、母集団から抽出した大きさnの標本の標本平均を$\bar{x}$、不偏分散から求めた標準偏差をsとします。このとき、

$$T = \frac{\bar{x} - m}{\frac{s}{\sqrt{m}}}$$

は自由度$n-1$のt分布に従います。

　したがって、この分布での危険率αに対する棄却域を数表等から求めれば、上式から、母平均についての仮説を検定することができます。

　次に、比率の検定として代表的なχ^2（カイ2乗）検定につい説明します。

② 比率の検定（χ^2 検定）

母分散が σ^2 である正規母集団から抽出した大きさ n の標本の不偏分散を s^2 とするとき、

$$Z = \frac{(n-1)s^2}{\sigma^2}$$

は自由度 $n-1$ の χ^2 分布に従います。したがって、この分布において、危険率 α に対する棄却域を数表等から求めれば、母分散についての仮説を検定することができます。

（3）　多重比較

多重比較とは、同様の検定を多数回繰り返して、全体での有意性の有無を判断しようとする場合に使用します。

有意水準 α の検定を n 回繰り返すと、一度以上有意な結果を得る確率は $1-(1-\alpha)^n$ に上ります。（独立の場合）

有意水準 5 ％の検定を10回行えば、約 4 割の確率で 1 度以上は有意な結果となります。

そのため、複数回の検定のトータルでの有意水準を α に抑えるような検定を行う必要があります。分散分析と合わせて利用するのが一般的です。

たとえば、「年代間の差」の検定を考えてみましょう。

10代、20代、30代、40代、50代、60代でそれぞれ有意水準 5 ％で一対比較すると、5 割以上の確率でどれかは有意な結果となります。年代と関係があると結論づけるには多重比較が必要です。

ただし、あらかじめ「10代と60代に差がある」などの仮説があるのであれば、通常の検定で問題ありません。しらみつぶしに関係性をあたる場合には、多重比較を行うことが必要になります。

⑤ サンプリング

サンプル数 n が大きい場合と小さい場合では、適用できる手法が異なります。目安としては、以下のような分類があります。

たとえば、大標本：$n \geq 100$、小標本 $n < 100$。

ただし、比率の検定の場合には、$n \geq 30$ かつ $np \geq 5$ 程度で大標本とみなすこともあります。

（1） サンプル数を決める

サンプル数を決めるにあたっては、以下の2つの観点があります。

① 推定精度の観点（推定への対応）

ある精度のデータを得るにはどれくらいのサンプル数が必要かを割り出すものです。望む精度での推定を可能にするために必要なサンプル数を逆算します。

② 検出力の観点（検定への対応）

検定を行ううえで、ある危険率（有意水準）を保ったうえで、期待したい検出力を得るためにはどれくらいのサンプル数が必要かを割り出すものです。適切な危険率と検出力を持った検定を行うためのサンプル数を概算します。

（2） 抽出手法を決める

基本的なサンプリング手法には、以下のものがあります。

- ・復元・非復元
- ・等確率・不等確率
- ・系統サンプリング
- ・層別サンプリング

さらに、応用的なサンプリング手法には、以下のものもあります。

・クラスターサンプリング

たとえば、販売店の中から10店舗選んでその中は全数調査する。

・二段サンプリング

たとえば、まずいくつかの店舗を選び、その中からさらに顧客を抽出する。

層別などのサンプリングは調査目的に応じて選定します。

クラスター・二段サンプリングは精度的には不利となるため、通常は、調査の便（全国調査や訪問調査など）で実施されることの多いものです。

（3） 基本的サンプリング

基本的サンプリングとは、母集団全体から1つの標本を抽出するものです。層別などのサンプリング手法を用いても、最後は基本的サンプリングを行います。

① 復元・非復元

復元とは、サンプル抽出の重複を許す場合です。

非復元とは、サンプル抽出の重複を許さない場合です。

・調査等では非復元が大半です。数値実験的なサンプリングでは、復元もあります。

・復元のほうが抽出は容易で、理論的な取り扱いも簡単です。

非復元の場合は、統計ソフトウェアなどを利用して抽出するのが便利です。

② 等確率・不等確率（層別・二段サンプリングと合わせて利用）

等確率とは、決まった確率で抽出する場合です。

不等確率とは、抽出単位（人口・面積…）の大きさに比例する確率で抽出する場合（確率比例サンプリング）などです。

（4） 層別サンプリング

層別サンプリングを行う際にコントロール可能な条件は、以下となります。

① 層の区切り方

層内分散は小さく、層間分散は大きくなるように区切ります。層の中は似たもの同士、層ごとの特徴がはっきり出るようにします。

ただし、ある属性のサンプルを一定数量集めたい場合には、必然的に層の区切り方は限定されます。

② 層ごとのサンプル割当て数

分散が大きい層ほど多く、分散が小さい層は少なく割り当てます。

（5） 推定精度に基づくサンプリングデザイン

得られる結果について一定の仮定を置くことで、必要なサンプル数を算出することができます。

また、どの程度の精度を得るためには、どれくらいのサンプル数が必要かを逆算することも可能です。すなわち、望む精度からサンプル数を逆算できます。

例）比率の推定を目的とするサンプリングデザイン

比率 p の推定式は以下のようになります。

$$p = \hat{p} \pm u(\alpha/2)\sqrt{\frac{\hat{p}(1-\hat{p})}{n}}$$

ここで、誤差を $\pm k$ 以下に抑制するための条件を加えます。

$$u(\alpha/2)\sqrt{\frac{\hat{p}(1-\hat{p})}{n}} \leq k$$

ここから、必要なサンプル数は、比率の観測値 $\hat{p}$ と許容誤差 k、および有意水準 α の関数で求めることができます。

$$u(\alpha/2)^2 \frac{\hat{p}(1-\hat{p})}{k^2} \leq n$$

（ただし、$\hat{p}$ は過去データ等をもとに事前に仮定する必要があります。）

（6）　検出力に基づくサンプリングデザイン

		検定による判定	
		H_0を採択（H_0を棄却しない）	H_1を採択（H_0を棄却）
仮説の真偽	H_0は真	正しい判定（確率$1-\alpha$）	第一種の誤り（確率α＝有意水準）
	H_0は偽（H_1は真）	第二種の誤り（確率β）	正しい判定（確率$1-\beta$＝検出力）

　第一種の誤り（生産者危険・あわてものの誤り・空振り）は、以下となります。

　　　　確率 α＝危険率＝有意水準

　次に、第二種の誤り（消費者危険・ぼんやりものの誤り・見逃し）は以下のとおりです。

　　　　確率 β＝1－検出力

　このことから、危険率 α は有意水準を定めることにより一意にコントロールできますが、検出力 β は完全にはコントロールできないことがわかります。

　ただし、$1-\beta$ を高めるためには、一般に、以下の2つの対応をします。

　・α を大きくする

　・サンプル数を大きくする

　α を一定に保ったうえで $1-\beta$ を望む水準まで高めるためには、あらかじ

めいくつかの仮定を置いて、必要な $1-\beta$ を得るだけのサンプル数を概算することが必要になります。

①　検出力曲線とは

平均の差の検定（σ 既知）の場合の検出力曲線は**図表 5 − 4** のようになります。この検出力曲線から、サンプル数 n が増えると、検出力は高まることがわかります。

また、d が 0 のとき（つまり帰無仮説が真のとき）の検出力は危険率に一致します。したがって、危険率（有意水準）を上げることは、検出力曲線を下に移動させる（検出力を高める）効果を持つことになります。（ただし通常は、検出力を高めるために危険率を上げることは推奨されません。）

さらに、d（帰無仮説の分布と真の分布の差を示す）が大きければ、検出力は高まります。つまり微小な差を検定するのは困難ですが、明らかな差であればごく少数のサンプルでも十分な検出力が得られることになります。

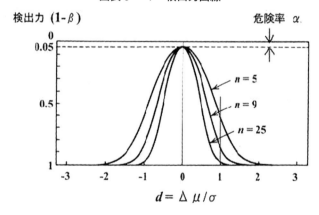

図表 5 − 4　検出力曲線

②　検出力を規定するパラメータ

検出力 $1-\beta$ は、以下のパラメータにより定まります。

・危険率（有意水準）α

・帰無仮説の平均値 μ_0 と真の分布の平均値 μ の差 $\Delta\mu$

・分布の標準偏差 σ

・サンプル数 n

　このことから、$\Delta\mu$ と σ を仮定し、α と $1-\beta$ を設定すれば、必要なサンプル数 n が求まります。

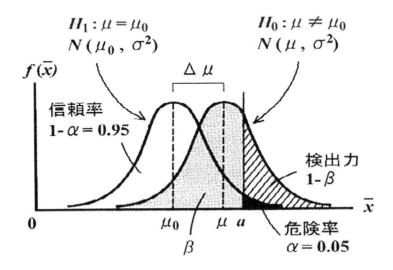

③　検出力によるサンプリングデザインの必要性

　検出力に基づいて行うサンプリングデザインは、検定の目的によって使い分ける必要があります。

　たとえば、ある製品を作るうえで新製法が検討されているとします。新製法は製品強度が従来手法より高い可能性がある一方で、コストは高くなるものとします。この条件のもとで、新手法による製品強度が従来の製品強度よりも高いかどうかを検定したいとします。この場合の帰無仮説と対立仮説は、以下となります。

$$H_0 : \mu = \mu_0 \qquad H_1 : \mu > \mu_0$$

　これは、H_1 が採択された場合にアクションを起こすケースです。

次にもう１つ、別の例を挙げます。ある製品を作るうえで新製法が検討されています。新製法はコストを削減できるため、製品強度が従来品より下がることがなければ、新製法に切り替えたいとします。この条件のもとで、新手法による製品強度が従来の製品強度よりも低いかどうかを検定したいとします。この場合の帰無仮説と対立仮説は、以下となります。

$$H_0 : \mu = \mu_0 \qquad H_1 : \mu < \mu_0$$

これは、H_0 が採択された場合にアクションを起こすケースです。

もし、サンプリングデザインを行わなかった場合には、検出力の低い検定によって、H_0 が棄却されず、間違ったアクションを起こしてしまう可能性があるので注意が必要です。

例）ある精密機器不具合の検定・推定とサンプリング

◆内容と背景

・ある精密機器の不具合が偶然に１件発見された。

・既に販売されている精密機器についても同様の不具合がないかを確認したい。

・ただし、疑いのある精密機器は42,000台あり、検査には精密機器の分解が必要なため、数千台の戻入精密機器をサンプルとして調査し、健全性を担保したい。

◆必要な分析の概要

・数千台程度のサンプルを用いた検査を行う場合には、母集団42,000台の不具合数についてどのような統計的推測が可能であるかを、事前に検討する必要がある（サンプリングデザインが必要）。

・実際に検査結果を確定したうえで、健全性を統計的に検証する必要がある（検定・推定の実施）。

◆分析手法

・潜在的な不良数を推定したい母集団の母数を N

・母集団中に存在する潜在不良数を m

・サンプル数を n

・サンプルから発見された不良数を k

・このとき、母数 N、サンプル数 n で、潜在不良数が m だと仮定した
ときに発見される不良数が k である確率 $f(m, k)$ は、以下のように
超幾何分布で表されます。

$$f(m, k) = \frac{\binom{m}{k} \cdot \binom{N-m}{n-k}}{\binom{N}{n}}$$

◆分析結果

サンプリングデザインにより、有意水準10％で、潜在不良率が0.1％以下
であることを示したければ、最低でも約2,500サンプル必要であることがわ
かります（下表参照）。

nサンプル中の不良品が0だった場合の潜在不良率					
	n=2000	n=2500	n=3000	n=3500	n=4000
有意水準5％	～0.145％	～0.114％	～0.095％	～0.081％	～0.071％
有意水準10％	～0.112％	～0.088％	～0.074％	～0.062％	～0.055％

◆結果の検証

実際に、母集団42,000台に対して2,711台のサンプル検査を実施し、発見さ
れた不良は0台との結果になりました。

このことから、母集団42,000台中の潜在不良率が0.081％以上（潜在不良数
34台以上）であるという仮説は、有意水準10％で棄却されることがわかりま
す。

（7） 理論的に解くことが難しい場合の対処法

現実の問題では、理論的な検定・推定が困難なことも数多くあります。

たとえば、以下のようなケースでは、理論的に解くことが困難な場合が多いでしょう。

　　　・平均と標準偏差が共に確率分布に従うケース
　　　・2つの確率分布の積で表される確率分布に従うケース

これらの問題に対処するためには、問題を簡略化して解くことが有効です。たとえば、複数の確率分布の組み合わせで表現される場合には、いくつかの確率分布は簡略化して固定値として考えることも有効でしょう。ただし、どこを簡略化するかは、検定・推定の目的や背景知識に照らし合わせて慎重に検討する必要があります。

さまざまなパターンの簡略化によって、複数の結果を導くことで、これらを比較して最終的な結論を導くこともできます。

さらに、シミュレーションによって解決することも可能です。シミュレーションはある意味で、力業（ちからわざ）による解法といえます。そのため、逆に、まず先にシミュレーションした結果を眺めたうえで、簡略化の方向性を考えるというやり方もあります。また、理論的に解ける場合であっても、シミュレーションを併用することで、ダブルチェックにも使うことができます。

6 検定とサンプリングについて 押さえておくべきこと

ここまでで説明してきたとおり、「検定・推定」と「サンプリング」とは、表裏一体の関係にあります。そして、そのすべての基本が「確率分布」です。どのような目的で何を知りたいのかを明確にしたうえで、必要なデータのサンプル数を決定し、目的に応じた検定・推定手法を選定することが大

切です。

◆検定・推定

「偶然のばらつき（誤差）」と「意味のある違い（有意差）」を切り分ける作業です。

・検定（仮説検定）

通常起こりえる誤差の範囲を超えて、何らかの意味のある違い（有意差）があるかどうかを検証します。

・推定（区間推定）

誤差の範囲をあらかじめ念頭に置き、標本から母集団の母数（平均・標準偏差など）がある確率（たとえば95%）以上で含まれると保証される区間を推測します。

ここでは、第一種の誤り、第二種の誤りによってどのような影響があるのかを比較勘案することで、第一種の誤り、第二種の誤りのリスクをどうとるかを決めることが大切です。

また、「ランダムの中に無理に意味を見出そうしない」ことも大切な注意点です。

（表裏一体の関係）
・すべての基本は「確率分布」
・最も大切なことは、目的と前提条件を整理できていること

◆サンプリング理論

目的に適う誤差の範囲内でサンプルから母集団を推測できるように、適切なサンプリングを実施するための方法論のことです。

サンプル数が少なければ誤差は大きくなり、サンプル数を多くするにはコストがかかるというトレードオフの関係にあるのが普通です。

あらかじめ目的とする検定・推定を視野に入れて、検定・推定に必要なサンプル数を逆算することで、効率的なサンプリングを行うことが肝要です。

　調査コスト・制約条件などとはトレードオフの関係となるのが普通のため、最終的には、「意思入れ」の部分が残ります。第一種の誤り、第二種の誤りのリスクを勘案し、どのような「意思入れ」をするのかを決断しなければなりません。なお、「意思入れ」とは、機械的には決めることのできない物事に対して、人間の意思を介在させることをいいます。

第**6**講

ソフト・コンピュー
ティングについて考える

世の中の事象はどんどん複雑化し、多属性のデータ処理の必要性もますます高まっています。紙面の制約もあり、これらすべてについて紹介することはできませんが、これらへの対処方法について簡単に説明します。

　ここでフォーカスすべきポイントは、「複雑システム」とそれに対する「対処法」です。

　複雑システムには、主に以下のようなものがあります。

　非線形、不連続、カオティック（初期値への強依存）、動的、非平衡、経路依存的、分散要素と集団の相互依存などです。

　これらに対する対処法として、主に以下のようなものがあります。

　最適制御、安定化、予測、分類、同定などです。

　これらの複雑な課題に対処するために、ここではソフト・コンピューティングについて取り上げます。

 ## 1　ソフト・コンピューティングとは何か

　何をソフト・コンピューティングというかについて厳密な定義はありませんが、解析的なアプローチと対峙して、コンピュータのプログラムやアーキテクチャを発想の基点としながら数理問題の解決を図ろうとする技術群のことをいいます。

　「離散数理」や「複雑系科学」などといわれることもあります。

　まさに、ソフト・コンピューティングとは、複雑で漠然としていてわかりにくい課題に対処するための解決ツールといえます。

　本講では、遺伝的アルゴリズム（GA）について掘り下げて説明します。他にも多くの手法がありますが、ここではGAを例に挙げることで、複雑システムへの対処の大筋をイメージしてもらえればと思います。

2 遺伝的アルゴリズム（GA）による非線形・不連続問題への対処法

（1） 遺伝的アルゴリズム（GA）とはどのようなものか

遺伝的アルゴリズム（Genetic Algorithms：GA）は、1975年にミシガン大学の John Holland が生物界の進化の仕組みを模倣する（選択—交叉—突然変異など）解探索手法として提案したものです。このアルゴリズムでは、解空間をコードレベルで探索することができます。また、非線形・不連続問題にも適用することができ、問題特有の情報を必要としないことも特徴の1つです。解空間の勾配をするなど、メタ探索の手法であるため、局所解に陥りにくいといわれています。

GA では、解の探索を実際の遺伝のプロセスを模倣して行うため、原則「偶然の変化」と「たまたまよくできたものを採用」して行います。そのため、本提案がなされた当初は、「こんな偶然に頼るデタラメな方法をアルゴリズム（計算手順）と呼べるのか」との厳しい批判にさらされたといわれています。

しかし、1990年代に入ると GA は人工知能の主要分野に躍り出て、世界中で研究が行われるようになりました。その背景には、コンピュータの計算速度の飛躍的な向上があります。生物の進化と同様に、GA の進化にも非常に多くの繰り返しと試行錯誤が必要だったのです。

図表 6 - 1　遺伝的アルゴリズムのフロー

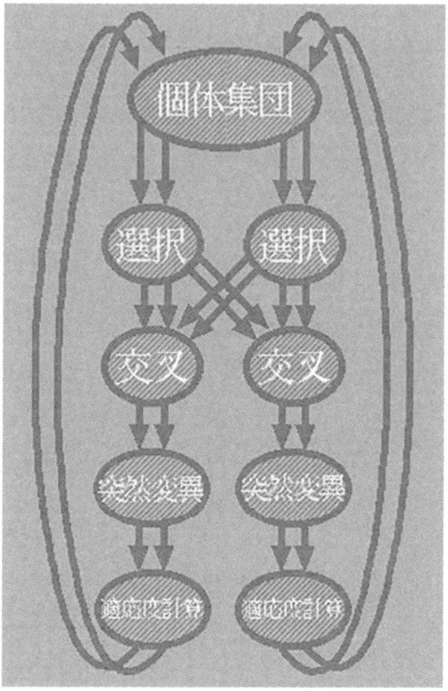

（2）　GA の基本アルゴリズム

①　コード化（Coding, Representation）

まず、最適化対象をコード化します。最適化対象のコードは、いわゆるバイナリコードで記述する必要があります。バイナリコード（binary code）とは、コンピュータが読み取れるコンピュータ語に変換したものをいいます。図表 6 - 2 がその一例です。

図表 6 - 2　Binary coding の例

最適化対象の変数	12.42　　40.01　　0.23　　19.32
遺伝子コード表現	1001000101100100010

（3） GA の基本アルゴリズム②　評価（Evaluation）

次に、複数の探索点を作成します。

これを「メタ戦略」といいます。メタ探索には、以下の特徴があります。

　・局所解に陥りにくい

　・多くの情報を蓄積する（優れた遺伝子コードのパターンとして）

　通常、初期値は、乱数により発生させます。初期集団が豊富な遺伝子パターンを持つようにする特殊な方法もあります。探索解を問題依存のモデルにより評価して、適応度を採点していきます。

図表 6 － 3　モデルの適応度の採点

（4）　GA の基本アルゴリズム③　選択（Selection）

　次に、採点された適応度をもとに、親となる探索解を選びます。親となる探索解の選び方にもさまざまな種類があります。代表的なものを以下に示します。

　・ルーレット方式　　：適応度に比例して選択確率が高くなる選び方

　・トーナメント方式：2つの解を選び、適応度の高いほうを選択する選び方

　・エリート戦略　　　：適応度の高い探索解が自動的に生き残る選び方

また、これらの選択には以下の特徴があります。

　乱数を利用することによって、適応度の低い個体にも生き残る可能性が残っています。そのため、遺伝子バラエティの維持（局所解）に陥りにく

0001010101011100000010　0.19 → 0001010101011100000010　0.19
1000001010100100010　7.55 → 1000001010100100010　7.55
1001000101010010001010　0.02 → 1001000101010010001010　0.02
1100000001110010001011　1.47 → 1000001010100010001010　7.55

く、曖昧さゆえの環境変化に強い特徴があります。

（5）　GA の基本アルゴリズム④　交叉（Crossover）

交叉では、2 体の親の遺伝子コードを組み合わせることで、次の探索解を作成していきます。交叉には、以下のような方法があります。

・1 点交叉：1 点で 2 つの遺伝子コードをつなぎ変える
・2 点交叉：2 点で 2 つの遺伝子コードをつなぎ変える
・一様交叉：遺伝子座ごとに、一方の遺伝子を引き継ぐ

これらには以下の特徴があります。遺伝子レベルでの探査点を作成するため、解空間の情報が不要です。そのため、汎用性が高いといえます。また、「遺伝子」ではなく、「遺伝子パターン」が受け継がれることも特徴です。

図表 6 - 5　GA における交叉のイメージ

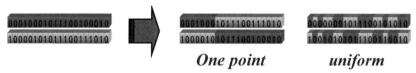

One point　　　　　*uniform*

（6）　GA の基本アルゴリズム⑤　突然変異（Mutation）

突然変異では、低い確率で、遺伝子をランダムに変化させます。これによって、以下の特徴が生まれます。

選択と交叉の繰り返しによって、遺伝子パターンの均質化が生じますが、これに対して突然変異によって生まれる「新鮮な」遺伝子を供給すること

図表6－6　GAにおける突然変異のイメージ

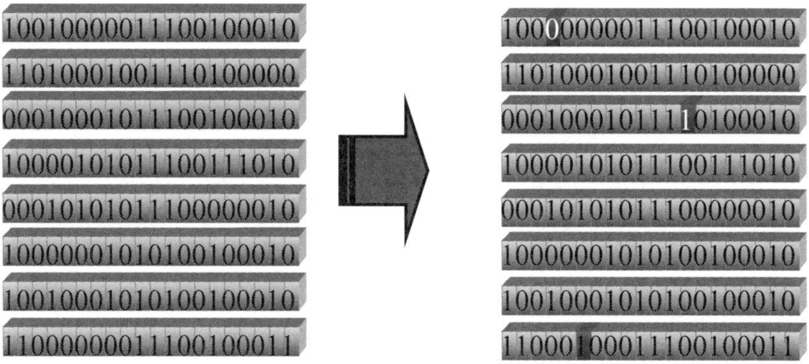

で、新たな領域の探索を継続したり、環境変化への耐性が強くなります。
（突然変異の確率を大きくした場合には、ランダムサーチに近くなります。）

（7）　GA の基本アルゴリズム⑥　探索の全体像

遺伝的アルゴリズム（GA）では、「評価→選択→交叉→突然変異」と、世代交代を繰り返すことで集団の遺伝子が「進化」していきます。

すなわち、同一世代の複数の探索点だけに留まるのではなく、過去の探索における「経験」を「優れた遺伝子コードのパターン」という形で蓄積・利用していきます。優れたメタ解法における情報共有と活用方法だといえます。

図表6－7　GAにおける世代交代

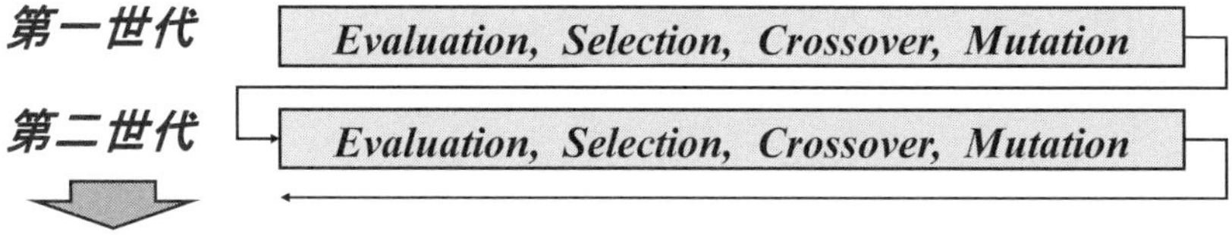

第一世代　Evaluation, Selection, Crossover, Mutation

第二世代　Evaluation, Selection, Crossover, Mutation

（8） GA のメリットとデメリット

GA のメリットとデメリットを以下にまとめました。

●メリット

・汎用的

　どのような問題にも適用ができる

・単純

　理屈が単純なため、誰でも使いやすい

・発見的

　思ってもみなかった「解」を見つけ出す可能性がある

●デメリット

・探索速度が遅い

　評価プロセスに時間がかかるような問題には不向き

・完全な「最適解」ではない

　解釈できないパラメータも多く、収束判定が困難

　GA を例にあげ、非線形・不連続問題への対処方法について説明してきましたが、要約すれば、「単純化」するのではなく、「複雑なものを複雑なまま扱う」ということです。従来のモデル化では、「複雑な問題→単純化→本質の発見→現実解のアイデア抽出」という流れが一般的でした。しかし、問題が複雑であればあるほど、本質の発見や現実解のアイデア抽出というプロセスは困難となります。

　しかし、GA のようなアルゴリズムでは、「複雑な問題→現実解の探索→分析→一般化」という流れで、複雑な問題を複雑なまま扱うことができます。そのため、「単純化思考」では不可能であった新たな"発見"も起こりえます。

しかしながら、このような最適解の探索やシミュレーションで陥りがちな幻想ですが、コンピュータを回しさえすれば黙っていても解が得られるというようなことはありません。現実には、試行錯誤を繰り返しながら解にたどり着いていくことのほうが多いでしょう。目をつぶっていても解が得られるなどということは断じてありません。分析を行う人はもちろんですが、分析を依頼する人も、このことを肝に銘じておかなければなりません。

本講では、GA を例に挙げましたが、現実の問題に対処するためには、このような道具立てを複数用意しておくことが望ましいといえます。いくら切れ味の鋭い刺身包丁を持っていたとしても、それで薪を切ることはできません。対処する問題によって包丁（道具）を変えることも大切なことなのです。

③ マルチ・エージェント（MA）による自律分散システムとの協調

遺伝的アルゴリズム（GA）に続き、さらにマルチ・エージェント（MA）ついても掘り下げて説明します。ここでも大筋をイメージしてもらえればと思います。

（1）　エージェントとは何か

エージェントとは、以下の特性を兼ね備え、分散して存在する行為者（個体）のことをいいます。

- ・自律性（他の個体に制御されない）
- ・社会性（他の個体とコミュニケートする）
- ・反応性（他の個体や環境の状態に反応する）
- ・自発性（自らの目標に向かって行動をとる）

スポーツのサッカーを例にとれば、「エージェント」とは以下のようになります。

  ・選手：エージェント
  ・戦略：エージェント・プログラム
  ・サッカー場、ルール：エージェント・プラットフォーム

（2）　エージェントの分類

エージェントを概念レベルで分類すると以下のようになります。

  ・知的エージェント
    知識や心的状態を持ち、自立的な問題解決や学習機能を持つ
  ・マルチ・エージェント
    複数のエージェントが協調や交渉などの相互作用を行う

さらに、応用・実装レベルで分類すると以下のようになります。

  ・モバイル・エージェント
    ネットワーク上で種々のタスクを遂行する
  ・インターフェース・エージェント
    ユーザーとのタスクに関するコミュニケーションを行う

（3）　なぜ、エージェントなのか

エージェントは、自律的な個人・個体とグローバル社会との折り合いを、ネットワーク技術を活用して実現する考え方のため、とても適用範囲の広いものだといえます。

これらが発達してきた背景には、以下があげられます。IP ネットワーク環境の浸透によるコミュニケーション手段の発達、ネットワーク上に存在する要素の爆発的な増大、統制型の社会から個人・個体の自由度優先の社会への変化、個人・個体のグローバル世界への影響度の増大、などです。

（4）　自己組織化マップ（SOM）とは何か

SOM とは、高次元のデータの中に存在する傾向や相関関係などを発見して応用するのに役立つもので、特に、高次元データの視覚的な理解を助けてくれます。

本来は、高次元データを人間が理解することは困難ですが、SOM ではニューラルネットワークの一種で与えられた入力情報の類似度をマップ上での距離として表現するモデルのため、視覚的な理解が可能となります。さまざまな高次元データを教師なしでクラスタリングすることができるため、「自己組織化」と呼ばれています。

SOM はデータマイニングの一手法として応用されており、データ分類、視覚化、要約などを得意とします。

多属性データの"学習"による分類と同定は以下となります。

①　自己組織化（self-organization）

外から細かい制御を加えていない状態で、系そのものがもつ機構によって一定の秩序をもつ組織が生まれることをいいます。

②　自己組織化マップ（SOM：self-organized map）

多次元の属性をもつデータの入力を繰り返すことで、2次元のマップ上に"自己組織的"に類似のデータの集合が形成されていくアルゴリズムのことをいいます。

③　ANN（artificial neural network、人工ニューラルネットワーク）における「教師なし学習」

人は男女をどうやって見分けられるようになったのでしょうか。教わった記憶はありません。でもわかるようになりますね。これが「教師なし学習」です。多くの男女を見ること（繰り返し入力）によって、服装、髪型などの属性から"自然に"2種類の人間がいるという"分類"がなされ、別の人を見たときに、「この人は男だ（または女だ）」という"同定"ができるように

なるのです。

　これをアルゴリズムとして実現したものが SOM です（コホネン・マップ
ともいいます）。

　別の見方をすると、多次元空間におけるデータクラスタを、非線形な形で
2次元空間に写像したとも考えられます。この時、クラスタ間の距離は、
「それなりに」2次元空間にも表現されます。

（例）動物を SOM で分類してみる

　動物を、その属性の類似性が近接度として反映されるように2次元図示す
ると以下のように表現されます。

	ハト	メンドリ	アヒル	ガチョウ	フクロウ	タカ	ワシ	キツネ	イヌ	オオカミ	ネコ	トラ	ライオン	ウマ	シマウマ	ウシ
小さい	1	1	1	1	1	1	0	0	0	0	1	0	0	0	0	0
中ぐらい	0	0	0	0	0	0	0	1	1	1	1	0	0	0	0	0
大きい	0	0	0	0	0	0	0	0	0	0	0	1	1	1	1	1
2本足を持つ	1	1	1	1	1	1	1	0	0	0	0	0	0	0	0	0
4本足を持つ	0	0	0	0	0	0	0	1	1	1	1	1	1	1	1	1
毛を持つ	0	0	0	0	0	0	0	1	1	1	1	1	1	1	1	1
ひづめを持つ	0	0	0	0	0	0	0	0	0	0	0	0	0	1	1	1
たてがみを持つ	0	0	0	0	0	0	0	0	0	1	0	0	1	1	1	0
羽を持つ	1	1	1	1	1	1	1	0	0	0	0	0	0	0	0	0
狩猟を好む	0	0	0	0	1	1	1	1	0	1	1	1	1	0	0	0
走ることを好む	0	0	0	0	0	0	0	0	1	1	0	1	1	1	1	0
飛ぶことを好む	1	0	0	1	1	1	1	0	0	0	0	0	0	0	0	0
泳ぐことを好む	0	0	1	1	0	0	0	0	0	0	0	0	0	0	0	0

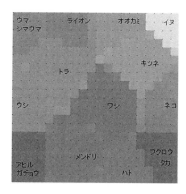

第 7 講

最適化問題について考える

最適化の概要

（1） 最適化とは何か

　現実の問題において、限られた資源の中で、何かを最小化もしくは最大化をしたいときに、コントロールできる要因（意思決定変数）とできない要因を整理して、守らなければならない制約を加味し、その守らなければならない制約の中でコントロールできる要因を変化させることで、目的関数を最小化（最大化）する解を見つけることです（**図表７－１**参照）。

図表７－１　最適化の要素

■変数
-- 決定したい値及び選択肢

$$x_{ij}^{k} \quad y_{l}^{t}$$

　　各メディアに振り分ける広告費
　　各時間毎の機械の運転計画
　　ある日ある人のシフト

■目的関数
-- 最小化・最大化したい関数

$$\sum_{i,j,k} x_{ij}^{k} + \sum_{t} \alpha^{t} y_{l}^{t}$$

　　総コスト（最小化）
　　利益・広告効果（最大化）
　　作業終了時刻（最小化）
　　各作業の納期遅延（平準化）

■制約式
-- 条件等を数式化したもの

$$A_{j}^{k} \leq \sum_{i} x_{ij}^{k} \leq B_{j}^{k}$$

　　予算
　　作業完了時刻
　　各機器は週に一度メンテナンスを受ける
　　最寄の施設からゴミを回収しに行く

① 最適化の流れ

たとえば、自動車製造の工程を例に取って説明します。

　自動車を製造するときに、限られた資源の中で、どれくらい製造すればいいかを考えます。このとき、資源と製造量を制約条件として、利益を最大化するように最適化を行います。

　同じように、輸送方法を決める場合にも、輸送費（コスト）が最小となる

図表7-2　最適化のフロー

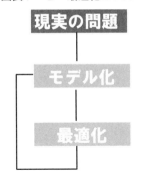

ように最適化を行います。

　これらの最適化を行うためには、まず問題を定式化しなければなりません。問題の本質を明らかにして、現実の問題を単純化・抽象化します。そして、これを数式で表現します。そして、モデル化した問題の最適解を見つけます。

　もしかしたら、一度では最適解を見つけられないかもしれません。この場合には、モデル化まで立ち返り、再びモデルを組み直す必要もあります。

（例）問題の定式化の例：食品の摂取量

　ここで1つ、簡単な例で考えてみます。

　たとえば、食品1、食品2について、食費をできるだけ抑えたいとします。各食品の100gあたりの価格は、それぞれ200円、300円とします。また、栄養素A、栄養素B、栄養素Cの最低摂取量を超える必要があります。

　各食品に含まれる栄養素と最低摂取量の関係は、**図表7-3**のとおりです。

　まず、これらの問題を定式化してみます。定式化（モデル化）の手順は、**図表7-4**に示しました。

　まず、変数（意思決定変数といいます）を決めます。この問題では、食品

1と食品2の購入量です。なぜならば、食品1と食品2を購入する量は自由に決めることができますが、食品に含まれる栄養素の量は勝手に変えることはできないからです。

次に、目的関数を決めます。目的とするものを数式で表します。今回の問題の目的は、食費の合計金額を可能な限り安く抑えることでした。そのため、ここでは、食費の合計金額を数式で表すことになります。

食品1の購入量を X1、食品2の購入量を X2とすると、購入金額は（200円×X1）＋（300円×X2）です。ただし、X1と X2の数量は何でもいいわけではありませんので（もし何でもよければ、X1＝0、X2＝0とすれば、購入

図表7－3　食品100gと必要な栄養素の関係

	食品1	食品2	最低摂取量
栄養素A	4	2	20
栄養素B	1	8	10
栄養素C	6	4	16

図表7－4　問題の定式化（モデル化）の例

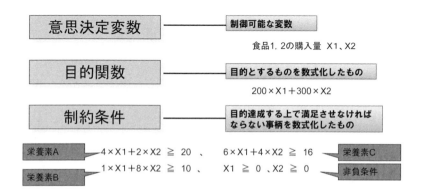

最適化問題

意思決定変数 —— 制御可能な変数
食品1, 2の購入量　X1、X2

目的関数 —— 目的とするものを数式化したもの
200×X1＋300×X2

制約条件 —— 目的達成する上で満足させなければならない事柄を数式化したもの

栄養素A ← 4×X1＋2×X2 ≧ 20　、　6×X1＋4×X2 ≧ 16 → 栄養素C
栄養素B ← 1×X1＋8×X2 ≧ 10　、　X1 ≧ 0 、X2 ≧ 0 → 非負条件

金額は0円となり最小になりますが、そうはなりません)、制約条件を設定します。ここでの制約条件は、各栄養素の最低摂取量を上回るということでした。そのため、制約条件として以下を満たさなければなりません。

栄養素A：$4 \times X1 + 2 \times X2 \geqq 20$

栄養素B：$1 \times X1 + 8 \times X2 \geqq 10$

栄養素C：$6 \times X1 + 4 \times X2 \geqq 16$

しかし、ここで終わりではありません。ひとつ注意すべきことは、X1とX2はともに購入量ですので、マイナスの値をとることはできないということです。

そのため、以下の条件を加えなければなりません(これを非負条件と呼びます)。

非負条件：$X \geqq 10$、$X \geqq 20$

ここまでで、問題を定式化することができました。

（2） 大域最適解と局所最適解

一口に最適解といっても、実は最適解にもいくつかの種類があります。その中でも、大きくは以下の2つです。

1つは、大域最適解（global optimal）です。通常、最適解と聞けば、こちらを連想する人が多いことでしょう。しかし、現実の問題においては、この大域最適解が必ずしも得られる保証はありません。大域最適解は、点 x が大域的に最適である解のことです。すなわち、$f(x) \leqq f(y)$ ということです。

もう1つが、局所最適解（local optimal）です。局所最適解は、点 x が局所最適の解であるということです。すなわち、点 x のある近傍 U が存在し、U の中の任意の y に対して、$f(x) \leqq f(y)$ であることを意味します。

これをイメージで示したものが、**図表7－5**です。いずれも最適解ですが、一方は大域最適解であり、もう一方は局所最適解となっていることが確認できると思います。

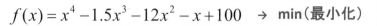

図表7－5　大域最適解と局所最適解

$$f(x) = x^4 - 1.5x^3 - 12x^2 - x + 100 \quad \rightarrow \quad \text{min(最小化)}$$

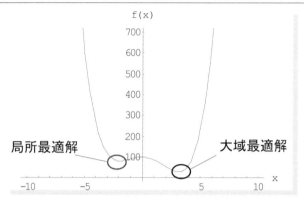

（3）　問題の種類と最適化手法

　最適化の種類は、探索する値の種類によって大きく2つあります。1つは、探す値が連続的に分布しているもので、これを連続最適化問題といいます。もう1つは、探す値が離散的に分布しているもので、これを離散最適化問題といいます。

　連続最適化問題の代表例には、線形計画問題や非線形計画問題があります。これらの最適解の探索法には、シンプレックス法やニュートン法などがあります（**図表7－6、7－7参照**）。

　また、離散最適化問題には、代表的な解の探索法として、分岐限定法やGA（遺伝的アルゴリズム）などがあります（**図表7－8参照**）。

図表 7 － 6　線形計画問題（LP）

線形計画問題（LP）
　変数に定数がかかったものの和
　　（例）1.5 X ＋ 2 Y

シンプレックス法

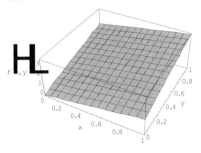

図表 7 － 7　非線形計画問題

非線形計画問題
　sinやcosや高次関数などを含む関数
　　（例）X＾4 ＋ √Y

ニュートン法

準ニュートン法

最急降下法

2次計画法

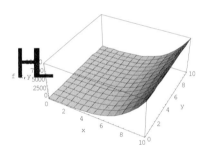

図表 7 － 8　離散最適化問題

離散最適化問題

分枝限定法

GA、タブサーチ

ヒューリスティック

■　分枝限定法
　　後述。

■　GA（遺伝的アルゴリズム）
　　逐次解を1個ずつ求めていき、それが最適解であるか判断。次に探索
すべき逐次解をこれまでの分析過程で得られた情報を用いて定める。

最適化問題を解くためのソフトウェア

　最適化問題とは、「与えられた条件のもとで何らかの関数を最小（もしく
は最大）にする問題」のことをいいます。「与えられた条件」のことを「制
約条件」、「最小（もしくは最大）にする関数」のことを「目的関数」といい
ます。したがって、最適化問題とは、「制約条件下で目的関数を最小（もし
くは最大）にする問題」ということです。

　本書では、最適化問題を次の形式で記述することにします。なお、この例
では「$g(x) = 0$ という条件のもとで $f(x)$ を最小化する」ということを意味
しています。

　　[最適化問題の記述例]

　　　最小化　　　　$f(x)$

　　　制約条件　　　$g(x) = 0$

--- *Note* ---

文献参照の際の留意点

　最適化問題に関する文献等を参照する場合には、上記の例の「最小
化」について、「目的関数（最小化）」や「minimize」などと表現されて
いることがありますが、同じ意味になります。また、「制約条件」につ
いても、「subject to」あるいは「s.t.」などと表現されることがあります。

　ここで、最適化問題に関係する用語をいくつか簡単に説明しておきます。

・**実行可能領域**

　　制約条件をすべて満たす点の集合のことです。

・**実行可能解**

　　実行可能領域内の点のことをいいます。つまり、制約条件をすべて満

たす点のことです。

・**最適解**

目的関数値を最小（または最大）にする実行可能解のことをいいます。次に述べる局所的最適解と区別するために「大域的最適解」と呼ぶこともあります。

・**局所的最適解**

実行可能領域内の点 x^* に関してある近傍が存在し、実行可能領域と近傍の共通部分内の任意の点 x に対して（目的関数を最小化する場合）、$f(x^*) \leq f(x)$ となるときの x^* のことをいいます。

また、一般に凸ではない関数を含むような最適化問題では局所的最適解が多く、大域的最適解を求めることが困難である場合が多いといえます。一方、後述する線形計画問題などは、すべての局所的最適解は大域的最適解でもあることが知られています。

ここで、上記の各用語について、次の例で説明します。

［例］

最小化　　　　$x \sin(x)$

制約条件　　　$0 \leq x \leq 14$

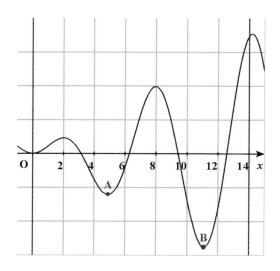

　この例では、実行可能領域は $\{x|0\leq x\leq14\}$ となります。このため、たとえば $x=5$ は実行可能解ですが、$x=15$ は実行可能解ではないということになります。また、図中の点 A は局所的最適解であり、点 B は大域的最適解です。また、点 B も局所的最適解と捉えることもできます。

（1）　最適化問題の分類

　本節では、最適化問題の分類について解説します。最適化問題は、主に次のような基準によって分類されています。

　　・変数の種類

　　　連続変数、整数変数など

　　・目的関数・制約条件の性質

　　　線形式、非線形式など

　これらの基準に基づいて最適化問題を分類すると、**図表7－9**のようになります。

　ここで、図表7－9の各問題と問題例について簡単に説明しておきます。

また、問題例の中で、x_1、x_2 は連続変数、z_1、z_2 は整数変数とします。

図表 7 − 9　最適化問題の分類例

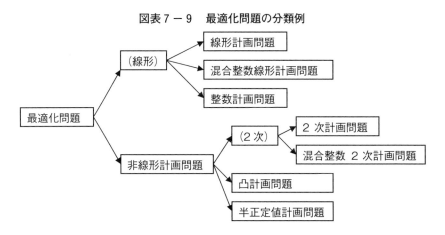

・**線形計画問題（LP）**

　目的関数・制約条件がすべて線形である連続変数だけからなる問題です。

　　［問題例］

　　　　最小化　　　　$2x_1 + 3x_2$

　　　　制約条件　　　$x_1 - 2x_2 \geq 2,\ x_1 \geq 0,\ x_2 \geq 0$

・**混合整数線形計画問題（MILP）**

　目的関数・制約条件がすべて線形である連続変数と整数変数を両方含む問題です。

　　［問題例］

　　　　最小化　　　　$2x_1 + 3x_2 - z_1$

　　　　制約条件　　　$x_1 - 2x_2 \geq 2,\ z_1 - 2x_1 \leq 1,\ x_1 \geq 0,\ x_2 \geq 0$

・**整数計画問題（IP）**

　目的関数・制約条件がすべて線形である整数変数だけからなる問題です。

　　［問題例］

最小化　　　　$2z_1 + 3z_2$

制約条件　　　$z_1 - 2z_2 \geq 2,\ z_1 \geq 0,\ z_2 \geq 0$

・非線形計画問題（NLP）

目的関数・制約条件のいずれかに非線形項を含む問題です。

　［問題例］

　　最小化　　　　$\log(x_1 + 1) + e^{x^2}$

　　制約条件　　　$x_1 - 2x_2 \geq 2,\ x_1 \geq 0,\ x_2 \geq 0$

・2次計画問題（QP）

　目的関数が凸の2次関数であり、制約条件がすべて線形である連続変数だけからなる問題です。

　［問題例］

　　最小化　　　　$x_1^2 + x_2^2$

　　制約条件　　　$x_1 - 2x_2 \geq 2,\ x_1 \geq 0,\ x_2 \geq 0$

・混合整数2次計画問題（MIQP）

　目的関数が凸の2次関数であり、制約条件がすべて線形である連続変数と整数変数を両方含む問題です。

　［問題例］

　　最小化　　　　$x_1^2 + x_2^2 + z_1^2$

　　制約条件　　　$x_1 - 2x_2 \geq 2,\ z_1 - 2x_1 \leq 1,\ x_1 \geq 0,\ x_2 \geq 0$

・凸計画問題（CP）

　目的関数が凸の関数（最小化の場合）で実行可能領域が凸である問題です。

［問題例］

　　最小化　　　　$e^{x_1+x_2}$

　　制約条件　　　$2 \leq x_1 - 2x_2 \leq 10,\ x_1 \geq 0,\ x_2 \geq 0$

・半正定値計画問題（SDP）

　行列の半正定値性という制約条件を含む線形計画問題です。

　　［問題例］

　　最小化　　　　$2x_1 + 3x_2$

　　制約条件　　　$\begin{pmatrix} x_1 & x_1 - x_2 \\ x_1 - x_2 & 2x_2 \end{pmatrix}$ は半正定値行列である。

　　　　　　　　　$x_1 - 2x_2 \geq 2,\ x_1 \geq 0,\ x_2 \geq 0$

　一般に、非線形な制約条件は、最適化ソフトウェア内部での扱いが難しく、良い最適解を得にくい可能性が高いため、可能な限り避ける工夫をすることになります。

　また、整数変数を含む問題のほうが連続変数のみの問題に比べて解きにくいため、たとえば数十万変数あるような混合整数計画問題をそのまま扱うのは、たいていの場合は難しいといえます。

　上記の中では、線形計画問題が最も扱いやすい問題といえます。また、汎用最適化ソフトウェアでは、線形計画問題を解く場合には、一般的に、係数行列（線形計画問題の制約条件を行列とベクトルを用い $Ax = b$ と表現した場合の A のこと）の疎行列性を利用して高速化を図っています。このため、線形計画問題を解く速度は変数や制約式の数だけではなく、非零要素の数や係数行列の非零要素のパターンにも依存することになります。

（2）　さまざまな最適化手法

　本節では、最適化問題を解く手法についていくつか紹介します。

最適化問題を解く手法には、主なものとして、シンプレックス法（単体法）、内点法、分枝限定法、二次計画法などがあります。

① シンプレックス法（単体法）

シンプレックス法は、線形計画問題を解くために1947年 Dantzig が提案した手法です。シンプレックス法では、実行可能領域上のある端点から出発して、隣接する端点をたどっていくことで最適解を見つけます。これは、線形計画問題においては、端点の中に最適解が存在するという事実を利用しています。

② 内点法

内点法は、線形計画問題に対する有効な解法として1967年に Dikin が提案した解法です。ただし、当時は広く知られることはなく、1984年に Karmarkar が同様な手法を提案したときのほうが、研究者に与えたインパクトは大きかったといいます。

内点法では、実行可能領域の内部を探索して、点列を逐次生成することで解を求めます。これは、実行可能領域の端点をたどることで解を求めているシンプレックス法の特徴とは大きく異なります。また、探索の際には後述する KKT 条件を一部修正したものを用いています。

現在では、内点法に関する研究が進み、非線形計画問題に対する解法としても利用されるようになっています。

ここで、同じ線形計画問題に対して、シンプレックス法と内点法を適用した場合には、**図表7－10**に示したように、探索経路は異なってきます。

図表7－10　シンプレックス法と内点法による探索経路の違いのイメージ
【シンプレックス法の探索イメージ】　　　　【内点法の探索イメージ】

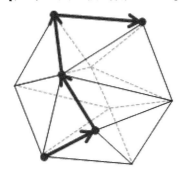 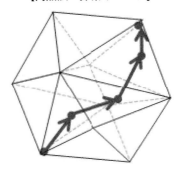

このため、目的関数値が最小（または最大）となる点が複数存在する線形計画問題では、シンプレックス法と内点法とでは、得られる最適解が異なるということも起こり得ます。

例として、次の問題を考えてみます。

[例1]

　　　最大化　　　　$x+y$
　　　制約条件　　　$x+y\leq4$
　　　　　　　　　　$0.5x+y\leq3$
　　　　　　　　　　$x\geq0$
　　　　　　　　　　$y\geq0$

この例について、実行可能領域は次の**図表7－11**の斜線の部分であり、目的関数は2つの点 $(x,y)=(2,2),(4,0)$ を結ぶ線分上の任意の点で最大となります。

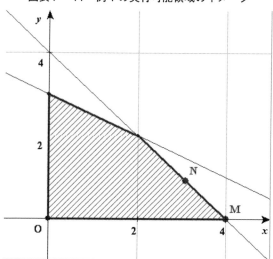

図表 7 −11 例 1 の実行可能領域のイメージ

　この例をモデリング言語 SIMPLE で次のように記述し、汎用最適化ソフ
トウェア NUOPT で解くと、シンプレックス法では図中の点 M を解として
返す一方で、内点法では点 N を解として返します。

　ここで、シンプレックス法は、options.method = "simplex"; とモデルファイ
ル内に記述することで指定し、内点法は、options.method = "higher"; とモデル
ファイル内に記述することで指定します。

　［SIMPLE での記述例］

　Variable x;

　Variable y;

　Objective obj (type = maximize);

　obj = x + y;

　x + y＜ = 4;

　0.5*x + y＜ = 3;

x >＝ 0;

y >＝ 0;

③ 分枝限定法

　分枝限定法は、混合整数計画問題を解くために開発された手法の1つです。分枝限定法は、「整数変数をある値に固定した部分問題を、すべてのケースについて解き、得られた解を比較することによって最適解を得る」という発想に基づきます。ただし、すべてのケースに対して部分問題を解いていたのでは、膨大な計算時間がかかってしまうことになります。そのため、分枝限定法では部分問題をツリー構造で表して、適当な基準によってノードの探索を途中で打ち切ることで、実際に解く部分問題の数を減らして効率的な探索を行います。

　分枝限定法では、「良質な実行可能解を早い段階で得る」ことが、探索を早く収束させるために重要です。普通は、実行可能解を得るためのプロセスとして、整数変数を連続変数に緩和した問題の変数を逐次整数値に固定していきます。しかし、このプロセスでは実行可能解を得るのが遅くなってしまうケースも存在します。このようなケースに対しては、ヒューリスティックに探索する手法を用いることで高速化できる可能性があります。汎用最適化パッケージの NUOPT では、ヒューリスティックに探索を行うかどうか制御するパラメータを以下のように設定できるようになっています。

図表7－12　分枝限定法のツリー構造

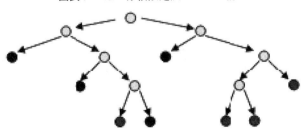

[ヒューリスティック探索に関するパラメータの設定]

（モデルファイルに記述する例）

options.rounding = (−1, 0, 1, 2, 3のいずれか);

options.feasPump = (−1, 0, 1のいずれか);

options.neighbourSearch = (−1, 0, 1のいずれか);

なお、−1はNUOPTが適当に判断する、0は利用しない、正の数は利用する（値が大きいほど頻度が高い）を表します。

　また、整数変数を連続変数に緩和した問題を解くことで得られた解は、（最小化問題の場合）実行可能解の下界値と比較して、探索の参考に用います。このため、実行可能解の下界値を早く押し上げることができれば、収束速度に効果的な影響を与えることができます。下界値を押し上げるための手法としては、切除平面法というものがあります。

　切除平面法とは、線形な制約条件を逐次加えることで、下界値を押し上げようとするものです。NUOPTでは、加える制約条件の個数を次のパラメータで制御できます。ただし、問題によっては、下界値の押し上げによる影響よりも、制約条件を加えることによる計算時間の増加の影響のほうが大きいこともあるため注意が必要です。

[切除平面法に関するパラメータの設定]

（モデルファイルに記述する例）

options.clevel = (0, 1, 2のいずれか);

なお、0は全く加えない、正の数は加える（値が大きいほど個数は多くなる）を表します。

　最初に説明したように、分枝限定法ではツリー構造を利用しています。このため、ツリーを探索する深さを制御することで、効率的な探索をできる可

能性があります。また、NUOPT では次のパラメータで制御できますが、設定した値が大きくなるほど所要メモリ量が多くなる傾向がある点には注意が必要となります。

[探索の深さに関するパラメータの設定]
　（モデルファイルに記述する例）
　　　options.p =（1 以上の整数）；
　なお、1 は深さ優先探索であり、値が大きくなるほど発見的探索に近くなります。

（3） ヒューリスティック解法とは

　上述の手法では、厳密に最適解を求めようとするために、問題の性質によっては解を得るまでに相当な時間がかかる可能性もあります。このため、厳密な最適解を必要としないで、なるべく最適解に近い解を得られれば十分というような場合には、実験的な手法によって、現実的な時間で良い解を得ることができます。このような場合に用いる実験的手法によって解を得る方法のことを、総称してヒューリスティック解法と呼びます。

　また、一般にヒューリスティック解法は、ある種の問題に特化しているものを指します。これに対して、ヒューリスティック解法の枠組みを拡張したさまざまな問題に応用できる汎用的な解法のことをメタヒューリスティック解法と呼びます。汎用最適化ソフトウェア NUOPT では、メタヒューリスティック解法として、wcsp および rcpsp を搭載しています。

　ここで、ヒューリスティック解法、メタヒューリスティック解法、厳密解法の特徴を次の**図表7－13**に示します。

図表７－13　ヒューリスティック解法の特徴

	計算速度	汎用性	解の精度保証
ヒューリスティック解法	○	×	×
メタヒューリスティック解法	○	○	×
厳密解法	△	○	○

　厳密解法では解けないような複雑な問題や、解けたとしても実務で用いるには解を得るのに時間がかかりすぎるような問題に対して、（メタ）ヒューリスティック解法の適用を検討するとよいでしょう。また、（メタ）ヒューリスティック解法では精度保証がないため（通常、（メタ）ヒューリスティック解法では得られた解がどの程度よいものであるかは保証されません）、得られた解が許容できるものかどうかの検証は慎重に行う必要があります。また、一般に連続変数を含む問題よりは、整数変数のみからなる問題のほうが（メタ）ヒューリスティック解法の適用をしやすいといえます。

　ここで、代表的な（メタ）ヒューリスティック解法をいくつか紹介します。

①　局所探索法

「解きたい問題の暫定解に対して近傍を探索し、より良い解があれば暫定解を更新する」という操作を解の更新が行われる限り繰り返し、なるべく良い解を得ようとする手法です。ただし、良い解が得られるかどうかは初期点の設定や近傍の定義の仕方などに大きく依存します。仕組みは非常に単純であるため、多くの近似解法で探索の一部に利用されているものです。

②　タブー探索法

　局所探索法では、暫定解より良い点のみに移動していくために、局所的最適解に陥ると抜け出すことができないという問題があります。この問題を解消するための工夫を組み込んだ手法が、タブー探索法です。タブー探索法では、局所的最適解から抜け出せるように暫定解より悪化するような点への移動も許されています。また、タブーリストと呼ばれるものを用意すること

で、同じ点を巡回することがないような工夫をしています。

③ 遺伝的アルゴリズム

遺伝的アルゴリズムとは、生物の進化の過程を模倣した手法のことです（第6講参照）。この手法では、適応度（評価尺度）が高い解候補を優先的に選択して、交叉（組み換え）や突然変異（一部を変化させる）という操作を行うことによって探索を行います。遺伝的アルゴリズムは、自由度が高い手法である一方で、どのように設定するといいかは問題に依存しているため、勘と経験も必要な手法といえます。

 ## 3 最適化問題の有効な数理表現手法

本節では、最適化問題を数式で表現する際に有効な手法について説明します。ここでは、主に以下の項目を取り上げることにします。

- ・絶対値などの非線形な表現を線形表現する手法
- ・バイナリ変数を用いて表現する手法
- ・セパラブル・モデルの表現手法

（1） 絶対値の線形表現

ここでは、正負いずれの値も取りうる変数の絶対値を表現する手法について説明します。まず、準備として、自由変数（上限値下限値を持たない変数）の絶対値を表現する方法を説明し、その後で絶対値最小化問題に適用する例と適用する際の注意点を説明します。

--- Note ---

絶対値と正負

変数 x の取りうる値が正に限定されるならば $|x| \Rightarrow x$、負に限定されるならば $|x| \Rightarrow -x$ と置き換えるだけで十分だといえます。

① 自由変数の絶対値の表現

ここでは、自由変数の絶対値を表現する方法について説明します。なお、ここで説明する手法を実際の最適化問題に適用する際には、注意すべき点もあります。

まず、自由変数 x は、以下のような置き換えができるということに注意します。

［自由変数の置き換え］

自由変数 x は以下のように置き換えをすることができます。

$$x = x^+ - x^-$$

ただし、

$$x^+ = \begin{cases} x & (x \geq 0) \\ 0 & (x < 0) \end{cases} \qquad x^- = \begin{cases} 0 & (x \geq 0) \\ -x & (x < 0) \end{cases}$$

とする。

この置き換えを利用すると、絶対値を次のように表現できます。

［自由変数の絶対値の表現］

自由変数 x の絶対値 $|x|$ は以下のように表現することができます。

$$|x| = x^+ + x^-$$

ただし、x^+、x^- は［**自由変数の置き換え**］で述べたものとする。

最後に、［**自由変数の置き換え**］および［**自由変数の絶対値の表現**］で述べたことを、グラフを用いて確認しておきましょう。

図表 7 −14　自由変数の絶対値の表現

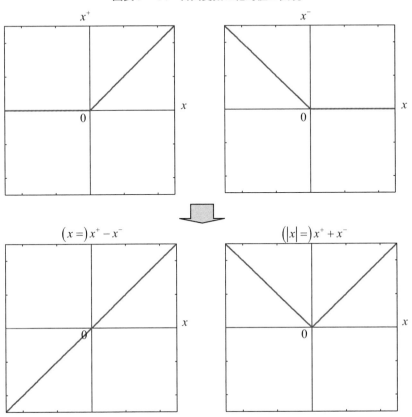

②　絶対値最小化問題の線形表現

　次の絶対値最小化問題を線形計画問題として表現することを考えます。なお、目的関数の係数について、ただし書きがある点に注意が必要です。このただし書きがある理由は後で説明します。（目的関数を最大化する（絶対値最大化）場合には、$c_j \leq 0$（$j = 1, \cdots, n$）という仮定が必要です。）

[絶対値最小化問題]

最小化　　　　$\displaystyle\sum_{j=1}^{n} c_j |x_j|$ ただし $c_j \geq 0$ $(j=1,\cdots,n)$

制約条件　　　$\displaystyle\sum_{j=1}^{n} a_{ij} x_j = b_i$ $(i=1,\cdots,m)$

この問題を線形計画問題として表現すると次のようになります。

[絶対値最小化問題の線形計画問題としての表現]

最小化　　　　$\displaystyle\sum_{j=1}^{n} c_j \left(x_j^+ + x_j^- \right)$ ただし $c_j \geq 0$ $(j=1,\cdots,n)$

制約条件　　　$\displaystyle\sum_{j=1}^{n} a_{ij} \left(x_j^+ - x_j^- \right) = b_i$ $\quad\quad (i=1,\cdots,m)$

$\quad\quad\quad\quad x_j^+ \geq 0, \quad x_j^- \geq 0$ $\quad\quad (j=1,\cdots,n)$

　ここで、簡単な絶対値最小化問題について線形計画問題として表現した例を示します。

[絶対値最小化問題の例]

（元問題）

最小化　　　　$1.5x_1 + 2x_2 + 3.5x_3$

制約条件　　　$3x_1 - 2.5x_2 + x_3 = 2$

$\quad\quad\quad\quad -2x_1 + x_2 + 0.5x_3 = -1$

（元問題を線形計画問題として表現したもの）

$$\text{最小化} \quad 1.5\left(x_1^+ + x_1^-\right) + 2\left(x_2^+ + x_2^-\right) + 3.5\left(x_3^+ + x_3^-\right)$$

$$\text{制約条件} \quad 3\left(x_1^+ - x_1^-\right) - 2.5\left(x_2^+ - x_2^-\right) + \left(x_3^+ - x_3^-\right) = 2$$

$$-2\left(x_1^+ - x_1^-\right) + \left(x_2^+ - x_2^-\right) + 0.5\left(x_3^+ - x_3^-\right) = -1$$

$$x_j^+ \geq 0,\ x_j^- \geq 0 \quad (j = 1, 2, 3)$$

　ここでは、上記のように線形計画問題として表現できる理由について説明します。

　まずは前述の方法で、もとの問題の目的関数に出てくる $|x_j|$ と、制約条件に出てくる x_j を x_j^+、x_j^- を用いた表現に置き換えます。すると、もとの問題は以下のように表現できます。

$$\text{最小化} \quad \sum_{j=1}^{n} c_j\left(x_j^+ + x_j^-\right) \text{ ただし } c_j \geq 0 \quad (j = 1, \cdots, n)$$

$$\text{制約条件} \quad \sum_{j=1}^{n} a_{ij}\left(x_j^+ - x_j^-\right) = b_i \quad (i = 1, \cdots, m)$$

$$x_j = x_j^+ - x_j^- \qquad\qquad\qquad \cdots\cdots(1)$$

$$x_j^+ = \begin{cases} x_j & (x_j \geq 0) \\ 0 & (x_j < 0) \end{cases} \quad x_j^- = \begin{cases} 0 & (x_j \geq 0) \\ -x_j & (x_j < 0) \end{cases} \qquad \cdots\cdots(2)$$

　上記について、このままでは x_j^+、x_j^- に関する表現（2）は線形ではないため線形計画問題とはいえません。そのため、該当部分を線形で表現することを考えます。

　まず、（2）を以下の x_j^+、x_j^- の特徴を表す式で置き換えます。

$x_j^+ \geq 0$

$x_j^- \geq 0$

$x_j^+ x_j^- = 0$（「x_j^+ と x_j^- の少なくとも一方は必ず 0 となる」ことを表す式）

また、制約条件（1）について、x_j の具体的な値については最適化問題を解いた結果得られた x_j^+, x_j^- の値をもとに後で計算しても最適化計算の結果に影響は与えません。このため、制約条件として最適化問題に含める必要はありません。

よって、先ほど表現したものを上記の内容をもとに書き直すと以下のようになります。

最小化　　　$\displaystyle\sum_{j=1}^{n} c_j\left(x_j^+ + x_j^-\right)$ ただし $c_j \geq 0$ $（j=1,\cdots, n）$

制約条件　　$\displaystyle\sum_{j=1}^{n} a_{ij}\left(x_j^+ - x_j^-\right) = b_i$ $（i=1,\cdots, m）$

$\quad\quad\quad\quad x_j^+ \geq 0,\ \ x_j^- \geq 0$ $（j=1,\cdots, n）$

$\quad\quad\quad\quad x_j^+ x_j^- = 0$ $（j=1,\cdots, n）$

ここで、唯一線形ではない式を含む $x_j^+ x_j^- = 0$ $（j=1,\cdots, n）$ という制約条件に注目します。すると、目的関数を最小化する問題であることと $c_j \geq 0$ $（j=1,\cdots, n）$ という仮定から、この制約条件は省略できることがいえます（詳細後述）。よって、絶対値最小化問題は本項の最初で述べたような線形計画問題として表現することができます。

最後に、$c_j \geq 0$ $（j=1,\cdots, n）$ という仮定を設けている理由について触れておきます。これは、$c_t < 0$ となるような t が存在する場合、$x_t^+ x_t^- = 0$ という制約条件を省略できないことから、線形計画問題とならないためです。ここでは、次の絶対値最小化問題を例に省略した場合に起こる問題に触れておきます（この問題の答えは明らかに、$x=1$ です）。

最小化　　　$c|x|$
制約条件　　$x=1$

まず、この問題を先ほど述べた方法で線形計画問題として書き直すと次の

ようになります。

$$\text{最小化} \quad c\,(x^+ + x^-)$$
$$\text{制約条件} \quad x^+ - x^- = 1$$
$$x^+ \geq 0, \ \ x^- \geq 0$$

ここで、$c<0$ である場合について考えます。

まず、$x^+ = 1$、$x^- = 0$ と $x^+ = 10001$、$x^- = 10000$ はいずれも制約条件を満たしているため、この問題の最適解の候補となります（どちらも $x=1$ に相当する点に注意します）。この2個の解候補について、目的関数値を比較すると $c\,(1+0) > c\,(10001+10000)$ となり、$x^+ = 10001$、$x^- = 10000$ のほうが良い解であるということになります。さらに、同様の議論を逐次行うことにより、目的関数の値は無限に小さくできることがわかります。

よって、この問題を最適化ソフトウェアで計算すると、「この問題は有解ではない」という本来意図していない結果が返されることになります（もし何らかの終了判定基準によって、解を得られたとしても、目的関数値は本来の問題での値と乖離している可能性が高い）。このため、$x^+ x^- = 0$ を省略することができません。

なお、$x^+ x^- = 0$ を省略せずに制約条件に加えると、$x^+ = 1$、$x^- = 0$ 以外は除外されるため、意図どおりの解が得られることになります。ただし、非線形の制約条件を加えているために、問題の解きやすさという点では注意が必要です。

一方で、$c \geq 0$ である場合には $c\,(1+0) \leq c\,(10001+10000)$ となり、$x^+ = 1$、$x^- = 0$ のほうが良い解であるということになるため、$c<0$ のときのような問題は起きません（厳密には、$c=0$ の場合はどちらの解でもよいということになりますが、目的関数値が無限に小さくなるようなことはないので、$c<0$ のときとは異なり、通常大きな問題とはなりません）。このため、$x^+ x^- = 0$ を省略することができます。

（2）　最大値最小化問題の線形表現

本節では、最大値最小化問題を線形計画問題として表現する方法を紹介します。最大値最小化問題の例として、次の問題を考えます。

[最大値最小化問題]

最小化　　　　$\max\{z_1, z_2, \cdots, z_k\}$

制約条件　　　$z_i = \displaystyle\sum_{j=1}^{n} c_{ij}x_j \quad (i=1,\cdots,k)$

この問題は、$z = \max\{z_1, z_2, \cdots, z_k\}$ という意味を持つような変数 z を新たに導入することで、次のように線形計画問題として表現できます。

[最大値最小化問題の線形計画問題としての表現]

最小化　　　　z

制約条件　　　$z \geq \displaystyle\sum_{j=1}^{n} c_{ij}x_j\ (=z) \quad (i=1,\cdots,k)$

たとえば、次のように最大値最小化問題を線形計画問題として表現します。

[最大値最小化問題の例]

（元問題）

最小化　　　　$\max\{z_1, z_2, z_3\}$

制約条件　　　$z_1 = 4x_1 - 2x_2$

　　　　　　　$z_2 = -x_1 + 2x_2$

　　　　　　　$z_3 = 2x_1 - 5x_2$

（元問題を線形計画問題として表現したもの）

最小化　　　　z

制約条件　　　$z \geq 4x_1 - 2x_2$

　　　　　　　$z \geq -x_1 + 2x_2$

　　　　　　　$z \geq 2x_1 - 5x_2$

　なお、次の2つの値が一致することを利用し（たとえば、「$z \geq 3$, $z \geq -5$, $z \geq 7$ となるような z の最小値」は7ですが、これは $\max\{3, -5, 7\}$ の結果の7と一致していることがわかります）、変数 z に $\max\{z_1, z_2, \cdots, z_k\}$ という意味を持たせるようにしています。

　　　$\max\{z_1, z_2, \cdots, z_k\}$ の値
　　　「すべての $i\,(i = 1, \cdots, k)$ に対して $z \geq z_i$ となるような z」の最小値

（3）　ノルム最小化問題の線形表現

　本節では、ノルムの値を最小化する問題を線形計画問題として表現する方法を説明します。まずは、典型的なノルムの定義を掲載します。ただし、$z = (z_1, z_2, \cdots, z_n)^T$ とします。

［典型的なノルムの定義］

　1−ノルム

$$\|\mathbf{z}\|_1 = \sum_{i=1}^{n} |z_i|$$

　2−ノルム（ユークリッドノルム）

$$\|\mathbf{z}\|_2 = \left(\sum_{i=1}^{n} z_i^2 \right)^{\frac{1}{2}}$$

　∞−ノルム

$$\|\mathbf{z}\|_{\infty} = \max_{1 \le i \le n} |z_i|$$

　上記の各ノルムを最小化する問題について、1-ノルムと∞-ノルムに関する最小化問題は線形計画問題として表現することができるので（ただし、各z_iが線形式で表現できるという前提のもとでのことです）、ここで紹介します。一方で、2-ノルム最小化問題については線形計画問題として表現することはできないため、ここでは取り上げないこととします。

① 1-ノルム最小化問題

ここでは、次の1-ノルム最小化問題を取り上げます。

[1-ノルム最小化問題]

　　　最小化　　　　$\displaystyle\sum_{i=1}^{n} |z_i|$

この問題を線形計画問題として表現すると、次のようになります。

[1-ノルム最小化問題の線形計画問題としての表現]

　　　最小化　　　　$\displaystyle\sum_{i=1}^{n} (v_i^+ + v_i^-)$

　　　制約条件　　　$z_i = v_i^+ - v_i^-$　（$i = 1, \cdots, n$）

　　　　　　　　　　$v_i^+ \ge 0,\ v_i^- \ge 0$　（$i = 1, \cdots, n$）

　たとえば、次のように1-ノルム最小化問題を線形計画問題として表現します。

［1-ノルム最小化問題の例］

ここでは、$\mathbf{z} = \begin{pmatrix} z_1 \\ z_2 \\ z_3 \end{pmatrix} = \begin{pmatrix} 2x_1 - 3x_2 + 1 \\ 3x_1 + x_2 - 2 \\ -x_1 + 3x_2 + 2 \end{pmatrix}$ の 1-ノルムを最小化します。

（元問題）

最小化 $\displaystyle\sum_{i\,1}^{3} |z_i| = |2x_1 - 3x_2 + 1| + |3x_1 + x_2 - 2| + |-x_1 + 3x_2 + 2|$

（元問題を線形計画問題として表現したもの）

最小化 $\displaystyle\sum_{i=1}^{3} (v_i^+ + v_i^-)$

制約条件 $z_i = v_i^+ - v_i^-\ \ (i = 1, 2, 3)$

$v_i^+ \geq 0,\ \ v_i^- \geq 0\ \ (i = 1, 2, 3)$

　以下では、線形計画問題として表現できる理由を説明します。まず、1-ノルム最小化問題を見ると、$|z_i|$ を線形表現することで線形計画問題となることがわかります。よって、絶対値を線形で表現したいわけですので、前述のテクニックが有効です。具体的には、$z_i\,(i = 1, \cdots, n)$ を $z_i = v_i^+ - v_i^-$、$v_i^+ \geq 0$、$v_i^- \geq 0$ のように変数 v_i^+、v_i^- を用いて表現し、$|z_i|$ を $v_i^+ + v_i^-$ で置き換えます（最小化する目的関数の各項の係数が 1 なので、$v_i^+ v_i^- = 0$ という制約条件は必要ありません）。この置き換えにより、前述のような線形計画問題となります。

②　∞-ノルム最小化問題

　ここでは、次の∞-ノルム最小化問題を取り上げます。

最小化　　　$\displaystyle \max_{1 \leq i \leq n} |z_i|$

この問題を線形計画問題として記述すると、次のようになります。

[∞－ノルム最小化問題の線形計画問題としての表現]

最小化　　　q

制約条件　　$q \geq v_i^+ + v_i^-$　$(i = 1, \cdots, n)$

　　　　　　$z_i = v_i^+ - v_i^-$　$(i = 1, \cdots, n)$

　　　　　　$v_i^+ \geq 0, \ \ v_i^- \geq 0$　$(i = 1, \cdots, n)$

　たとえば、次のように∞－ノルム最小化問題を線形計画問題として表現します。

[∞－ノルム最小化問題の例]

　ここでは、$\mathbf{z} = \begin{pmatrix} z_1 \\ z_2 \\ z_3 \end{pmatrix} = \begin{pmatrix} 2x_1 - 3x_2 + 1 \\ 3x_1 + x_2 - 2 \\ -x_1 + 3x_2 + 2 \end{pmatrix}$ の∞－ノルムを最小化します。

（元問題）

最小化　　　$\displaystyle \max_{i=1,2,3} |z_i|$

（元問題を線形計画問題として表現したもの）

最小化　　　　q

制約条件　　　$q \geq v_i^+ + v_i^-$　（$i = 1, 2, 3$）

$\qquad\qquad z_i = v_i^+ - v_i^-$　（$i = 1, 2, 3$）

$\qquad\qquad v_i^+ \geq 0,\ \ v_i^- \geq 0$　（$i = 1, 2, 3$）

以下では、線形計画問題として表現できる理由について説明します。
まず、$|z_i|$ を書き直します。すると、問題は以下のように記述できます。

最小化　　　　$\displaystyle \max_{1 \leq i \leq n} \left(v_i^+ + v_i^- \right)$

制約条件　　　$z_i = v_i^+ - v_i^-$　（$i = 1, \cdots, n$）

$\qquad\qquad v_i^+ \geq 0,\ \ v_i^- \geq 0$　（$i = 1, \cdots, n$）

　次に、書き直した問題の目的関数に注目すると、「最大値を最小化する」という形になっていることがわかります。よって、最大値を表すための変数 q を導入して、前述の最大値最小化問題を線形表現するためのテクニックを利用することで、線形計画問題として表現できます。

（4）　バイナリ変数の利用

　本節では、バイナリ変数（値として 0 または 1 を取る整数変数）を利用して、さまざまな状況を数式表現する方法について説明します。なお、何らかの状態を表すためのバイナリ変数のことをインディケータ変数と呼ぶこともあります。

①　固定値の表現

　立ち上げの際に固定費がかかるようなケースのバイナリ変数を用いた表現について説明します。ここでは、次のような例を数式表現することを考えます。

［例］

　ある製品を x（kg）生産する。なお、製品を生産する際 1（kg）あたり

C_1（円）の費用がかかる。さらに、製品を少しでも生産する場合、立ち上げのための初期費用として C_2（円）かかる。ただし、生産能力上の制約により製品は M（kg）までしか生産できないものとします。このときの総費用を数式表現したい。

結論を先に述べると、この例は次のように数式表現できます。

［例の数式表現］

　　総費用　　：$total\_cost = C_1 x + C_2 \delta$

　　制約条件：$0 \leq x \leq M\delta$

　　なお、δ は 0 または 1 をとるバイナリ変数である。

ここで、上記のように表現できる理由を説明します。

まず、例の文章から総費用 $total\_cost$ は次のように表現されます。

$$total\_cost = \begin{cases} 0 & (x=0) \\ C_1 x + C_2 & (x>0) \end{cases}$$

ここで、最適化問題として扱いやすい形とするために、バイナリ変数 δ を導入し、$total\_cost$ を上記のような x の値による場合わけをすることなく表すことにします。$\delta = 0$ は製品を生産しない（つまり $x = 0$）という状態、$\delta = 1$ は製品を少しでも生産する（つまり $x > 0$）という状態にそれぞれ対応させると、総費用 $total\_cost$ は次のように表現できます。

　　$total\_cost = C_1 x + C_2 \delta$

　　ただし、$\delta = 0$ のとき $x = 0$ であり、$\delta = 1$ のとき $x > 0$ であるものとします。

この表現により、$total\_cost$ 自体は 1 個の線形式で表現できましたが、実

際に最適化問題に取り入れて利用するためには、ただし書きの部分を数式表現する必要があります。ここで、生産量に関する制約条件 $0 \leq x \leq M$ に注目します。「$x=0$」は「$0 \leq x \leq 0$」と等価であるので、「$\delta=0$ のとき $0 \leq x \leq 0$」ということを、生産量に関する制約条件を修正することで示すことができないかを考えます。すると、$0 \leq x \leq M\delta$ と表現するとよいことがわかります。さらに、このように表現すると、$x>0$ ならば確実に $\delta=1$ となるという利点もあります。

以上のことから、前述のように数式表現できることがわかります。なお、$x=0$ のときに $\delta=1$ となる可能性を完全には排除していませんが、総費用を最小化するような場合については、$\delta=0$ のほうが有利なので、$\delta=1$ となることはありません。

最後に、生産量の上限 M が与えられていない場合についても触れておきます。この場合、x が通常とり得ることがない大きな値を M として与えることになります。ただし、あまりに大きな値を与えると、最適化ソフトウェアを使う際に不利になる可能性があるので（あまりに大きい値とすると、数値計算上の問題が発生したり、計算時間が増大したりする可能性が高まるため）、注意が必要です。

② バイナリ変数を利用した変数の固定

バイナリ変数を利用すると、バイナリ変数の値に応じて変数の値を固定することができます。ここでは、ある変数 x について、$0 \leq x \leq M$（ただし、M は正の定数）という上下限制約が課されているものとします。このとき、次のように表現することでバイナリ変数の値に応じて変数の値を固定することができます。

バイナリ変数 δ の値が 0 のときに x を 0 に固定する場合、

$0 \leq x \leq M\delta$

バイナリ変数 δ の値が 1 のときに x を 0 に固定する場合、

$$0 \leq x \leq M(1-\delta)$$

バイナリ変数 δ の値が 0 のときに x を M に固定する場合、

$$M(1-\delta) \leq x \leq M$$

バイナリ変数 δ の値が 1 のときに x を M に固定する場合、

$$M\delta \leq x \leq M$$

　これらは、δ を 0 や 1 にしたときに $0 \leq x \leq 0$ （つまり $x=0$）、もしくは $M \leq x \leq M$ （つまり $x=M$） となることから確認できます。なお、δ を x の値を固定する場合とは異なる値にした場合には、$0 \leq x \leq M$ という本来の上下限制約となります。

③　バイナリ変数を利用した関数の差し替え

　バイナリ変数を利用することで、「バイナリ変数の値に応じて関数の差し替えを行う」ということができます。

　ここでは、次の例をもとに表現方法を説明します。

[例]

　ある関数 f について、バイナリ変数 δ の値に応じて次のように差し替えます。

- $\delta=1$ のときに $f=ax$
- $\delta=0$ のときに $f=bx$

　この例について、十分大きなパラメータ M を導入し、次のように表現します。

[例の表現]

$$-M(1-\delta) \leq f - ax \leq M(1-\delta)$$

$$-M\delta \leq f - bx \leq M\delta$$

実際に、このように表現すると $\delta = 1$ の場合には、$0 \leq f - ax \leq 0$ と $-M \leq f - bx \leq M$ になることから、$f = ax$ に固定され、bx については M が十分に大きいことから、実質的に有効ではないことがわかります。$\delta = 0$ の場合についても、$f = bx$ に固定され、ax に関しては実質的に有効ではないことがわかります。

④　例として、機械の起動・停止の表現

たとえば、起動や停止の際にコストがかかる機械の運転計画を最適化の結果によって決定するような場合には、機械の起動・停止を数式表現する必要があります。ここでは、以下の例をもとに、機械の起動・停止の表現について説明します。

［例］

ある機械について、起動する際には1回あたり C、停止する際には1回あたり D のコストがかかるものとします。このとき、起動・停止の際にかかる総コストを数式で表現します。

なお、当該機械は、毎日同じ時刻に起動・停止し、総コストを最小化することを目標としています。また、機械の起動・停止については、1時間単位（1時～24時）で決定します。

この例では、総コストを数式で表現するためには、以下の3種類のバイナリ変数を用意します。

機器の稼動を意味するバイナリ変数：δ_t（$t = 1, \cdots, 24$）
時刻 t において稼働しているとき $\delta_t = 1$、停止しているとき $\delta_t = 0$ とする。

機器の起動を意味するバイナリ変数：γ_t（$t = 1, \cdots, 24$）
時刻 t において運転を開始したとき $\gamma_t = 1$、それ以外は $\gamma_t = 0$ とする。

機器の停止を意味するバイナリ変数：η_t（$t = 1, \cdots, 24$）

時刻 t において運転を停止したとき $\eta_t = 1$、それ以外は $\eta_t = 0$ とする。

ここで、これらのバイナリ変数の値の一例を次の表に挙げます。この例では、$t = 3$ で機械を起動し、$t = 22$ で停止しています。

t	1	2	3	4	5	$\cdots$	20	21	22	23	24
δ_t	0	0	1	1	1		1	1	0	0	0
γ_t	0	0	1	0	0		0	0	0	0	0
η_t	0	0	0	0	0		0	0	1	0	0

まず、バイナリ変数を用いて総コストを表現します。機械の総起動回数は $\sum_{t=1}^{24} \gamma_t$、総停止回数は $\sum_{t=1}^{24} \eta_t$ で表現できることから、総コストは次のようになります。

$$\text{総コスト}：\sum_{t=1}^{24} \left(C\gamma_t + D\eta_t \right)$$

次に、δ_t と $\gamma_t \cdot \eta_t$ との関係について数式表現をします。このためには、時刻 t における稼働状態 δ_t と、前の時刻 $t-1$ における稼働状態 δ_{t-1} との間で値の変化があったか否かが重要となります。そこで、$\delta_t \cdot \delta_{t-1}$ と $\gamma_t \cdot \eta_t$ との関係を表にまとめると、次のようになります。（下表について、厳密には $t = 1$ のときに δ_0 という定義されていない値を用いています。しかし、この例では毎日同じ時刻に起動・停止することを目標としているため、δ_0 は δ_{24} とみなすことができます。）なお、値の変化を見るために $\delta_t - \delta_{t-1}$ も記載してあります。

この表から、まず起動に関して表現するためには、「$\delta_{t-1} = 0$ から $\delta_t = 1$ へ

δ_{t-1}	δ_t	γ_t	η_t	$\delta_t - \delta_{t-1}$
0	0	0	0	0
0	1	1	0	1
1	0	0	1	-1
1	1	0	0	0

と変化したとき（$\delta_t - \delta_{t-1} = 1$ のとき）に、$\gamma_t = 1$ となること」を表現すると
よいことがわかります。これは、次のように表現することができます。

　　　機械の起動：$\delta_t - \delta_{t-1} \leq \gamma$（$t = 2, \cdots, 24$），$\delta_1 - \delta_{24} \leq \gamma_1$

　この表現により、$\delta_t - \delta_{t-1} = 1$ ならば $\gamma_t = 1$ となります。なお、この表現の
みからだと $\delta_t - \delta_{t-1}$ が 0 もしくは −1 のときに、$\gamma_t = 1$ となる可能性がありま
すが、総コストを最小化しようとしていることから、$\gamma_t = 0$ になるものと判
断しても差し支えありません。

　一方で、機械の停止に関しては、起動の際の δ_{t-1} と δ_t の役割を逆転させ
て考えると、次のような表現となることがわかります。

　　　機械の停止：$\delta_{t-1} - \delta_t \leq \eta_t$（$t = 2, \cdots, 24$），$\delta_{24} - \delta_1 \leq \eta_1$

　この表現により、$\delta_{t-1} - \delta_t = 1$ ならば $\eta_t = 1$ となります。なお、この表現の
みからだと $\delta_{t-1} - \delta_t$ が 0 もしくは −1 のときに $\eta_t = 1$ となる可能性があり
ますが、総コストを最小化しようとしていることから、$\eta_t = 0$ になるものと判
断しても差し支えありません。

　以上をまとめると、ここで取り上げた例は次のように表現できます。

　［例の表現］

　　総コスト：$\displaystyle\sum_{t=1}^{24}\left(C\gamma_t + D\eta_t\right)$

機械の起動：$\delta_t - \delta_{t-1} \leq \gamma_t$（$t = 2, \cdots, 24$），$\delta_1 - \delta_{24} \leq \gamma_1$

機械の停止：$\delta_{t-1} - \delta_t \leq \eta_t$（$t = 2, \cdots, 24$），$\delta_{24} - \delta_1 \leq \eta_1$

なお、バイナリ変数は以下の意味を持ちます。

δ_t（$t = 1, \cdots, 24$）：機械の稼働時 1、非稼働時 0

γ_t（$t = 1, \cdots, 24$）：機械の起動時 1、起動時以外では 0

η_t（$t = 1, \cdots, 24$）：機械の停止時 1、停止時以外では 0

⑤　論理積・論理和の表現

バイナリ変数を用いることによって、状態間の論理的な結びつけが可能となります。ここでは、論理積・論理和の表現方法を説明します。

まずは、論理積・論理和について確認しておきましょう。値として 0 または 1 をとる 2 つの変数 z_1、z_2 に対して、論理積・論理和を求めた結果は次表のようになります。

z_1	z_2	論理積 $z_1 \cap z_2$	論理和 $z_1 \cup z_2$
0	0	0	0
0	1	0	1
1	0	0	1
1	1	1	1

ここでは、論理積・論理和の順に表現方法を説明します。

⑥　論理積の表現

まず、論理積 $z_1 \cap z_2$ を表現するためのバイナリ変数 δ を用意します。すると、論理積は次のように表現できます。

（前述の表より読み取れる「z_1, z_2 が共に 1 のときに $\delta = 1$、そうでない場合には $\delta = 0$」という関係が成り立っていることから、論理積を表現できていることが確認できます。）

［論理積の表現］

$2\delta \leq z_1 + z_2 \leq 1 + \delta$

なお、δ は論理積 $z_1 \cap z_2$ に対応するバイナリ変数である。

なお、$z_1 z_2 = \delta$ という式でも表現可能ではありますが、これは非線形項を含む表現であり、最適化問題の制約条件として組み入れると解く際に扱いにくいため、線形である上記の表現のほうがよいと判断できます。ここで、上記のように線形表現できる理由を説明します。

線形で表現するためには、線形式 $z_1 + z_2$ と論理積との関係を確認する必要があります。すると、「$z_1 + z_2$ が2のときに論理積は1、そうでない（$z_1 + z_2$ が0もしくは1）場合には0」という関係がわかります。ここで、前述の「バイナリ変数 δ の値が1のときに x を M に固定する場合」を利用して、$2\delta \leq z_1 + z_2 \leq 2$ とすることで、「$z_1 + z_2$ が0もしくは1のときに $\delta = 0$」が表現できます。

しかし、この表現では $z_1 + z_2$ が2のとき $\delta = 0$ となる可能性が残っているため十分とはいえません。この点は、$z_1 + z_2 \leq 2$ ではなく、$z_1 + z_2 \leq 1 + \delta$ とすることで解決することができます。実際に、このようにすると $z_1 + z_2$ が2のときには必ず $\delta = 1$ となり、$\delta = 0$ のときに $z_1 + z_2$ は0もしくは1となることがより明確となります。

以上の議論から、論理積は先ほど述べたように表現できます。

⑦　論理和の表現

まず、論理和 $z_1 \cup z_2$ を表現するためのバイナリ変数 δ を用意します。すると、論理和は次のように表現できます。

（前述の表から読み取れる「z_1, z_2 が共に0のときに $\delta = 0$、そうでない場合には $\delta = 1$」という関係が成り立っていることから、論理和を表現できていることが確認できます。）

[論理和の表現]

$$\delta \le z_1 + z_2 \le 2\delta$$

なお、δ は論理和 $z_1 \cup z_2$ に対応するバイナリ変数である。

ここで、このように表現できる理由を説明します。

論理積のケースと同様に、線形で表現するためには、線形式 $z_1 + z_2$ と論理和との関係を確認します。すると、「$z_1 + z_2$ が 0 のときに論理和は 0、そうでない（$z_1 + z_2$ が 1 もしくは 2）場合には 1」であるとわかります。ここで、前述の「バイナリ変数 δ の値が 0 のときに x を 0 に固定する場合」を利用し、$0 \le z_1 + z_2 \le 2\delta$ とすることで「$z_1 + z_2$ が 1 もしくは 2 のときに $\delta = 1$」は表現できます。

しかし、この表現では $z_1 + z_2$ が 0 のとき $\delta = 1$ となる可能性が残っているため、十分ではありません。この点は、$0 \le z_1 + z_2$ ではなく $\delta \le z_1 + z_2$ とすることで解決できます。実際に、このようにすると $z_1 + z_2$ が 0 のときには必ず $\delta = 0$ となり、$\delta = 1$ のときに $z_1 + z_2$ は 1 もしくは 2 となることがより明確になります。

以上から、論理和は前述のような表現ができます。

⑧ 折れ線関数の表現

バイナリ変数を用いることによって、折れ線関数を表現することが可能になります。ここでは、折れ線関数 $f(x)$ が連続であり、x の定義域について各区間内で $f(x)$ が線形関数とみなせるような複数個の区間に分割できる場合について、次の例をもとに表現方法を説明します。

[例]

折れ線関数 $f(x)$ について、次のように x の定義域（$0 \le x \le L_1 + L_2 + L_3$）内で 3 つの区間に分割できる場合の表現方法を考えます。

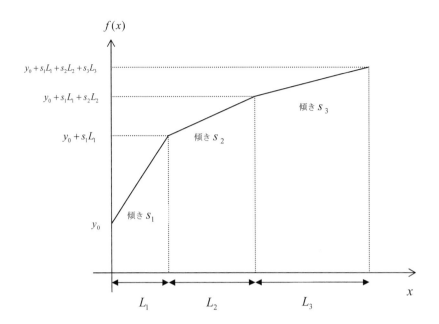

この例については、次のように表現できます。

[例の表現]

$$f(x) = s_1 x_1 + s_2 x_2 + s_3 x_3 + y_0$$

$$x = x_1 + x_2 + x_3$$

$$0 \leq x_i \leq L_i \, (i = 1, 2, 3)$$

$$L_1 z_1 \leq x_1 \leq L_1$$

$$L_2 z_2 \leq x_2 \leq L_2 z_1$$

$$0 \leq x_3 \leq L_3 z_2$$

なお、z_1 と z_2 はバイナリ変数である。

以下では、このように表現できる理由を説明します。

まず、x について次のようにすることで、各区間との対応関係をとること

ができるようにします。

$$x = x_1 + x_2 + x_3$$
$$0 \leq x_i \leq L_i \, (\, i = 1, 2, 3 \,)$$

ただし、x_i の値について x がどの区間に属しているかに応じて、以下のような制限をする必要があります。

$0 \leq x \leq L_1$ のとき　　　　　$: 0 \leq x_1 \leq L_1$　,　$x_2 = 0$　　　,　$x_3 = 0$

$L_1 \leq x \leq L_1 + L_2$ のとき　　$: x_1 = L_1$　　,　$0 \leq x_2 \leq L_2$　,　$x_3 = 0$

$L_1 + L_2 \leq x \leq L_1 + L_2 + L_3$ のとき　　$: x_1 = L_1$　,　$x_2 = L_2$　,　$0 \leq x_3 \leq L_3$

すると、$f(x)$ の値は次のように表現することができます。

$$f(x) = s_1 x_1 + s_2 x_2 + s_3 x_3 + y_0$$

ここで、このままでは x の属する区間に伴う制限について、x の値による場合分けがあるため、最適化問題に応用しにくくなります。そこでバイナリ変数を用いて場合分けに相当する表現をすることができないかを検討します。

まず、x_1 と x_2 との関係に注目します。すると、$0 \leq x_1 < L_1$ のときには $x_2 = 0$ であり、$x_1 = L_1$ のときには $0 \leq x_2 \leq L_2$ となることがいえます。よって、$x_1 = L_1$ であるか否かを表すバイナリ変数 z_1 を導入することで関係性を表現します。なお、$0 \leq x_1 < L_1$ の場合を $z_1 = 0$ に、$x_1 = L_1$ の場合を $z_1 = 1$ にそれぞれ対応させます。このとき、x_1 と z_1 の間の対応関係を、次のように表現します。

$$L_1 z_1 \leq x_1 \leq L_1$$

さらに、x_2 と z_1 の間の対応関係についても、次のように表現します。

$$0 \leq x_2 \leq L_2 z_1$$

これらの表現により、$z_1 = 0$ の場合 $0 \leq x_1 \leq L_1$ かつ $x_2 = 0$、$z_1 = 1$ の場合 $x_1 = L_1$ かつ $0 \leq x_2 \leq L_2$ という意図どおりの対応関係が得られていることがわかります。

（$x_1 = L_1$ かつ $x_2 = 0$ のときの z_1 の値は 0 にも 1 にもなり得ますが、この例では折れ線関数が連続であるために問題とはなりません。）

次に、x_2 と x_3 との関係に注目します。すると、先ほど述べた x_1 と x_2 との関係と同様のことがいえます。よって、$x_2 = L_2$ であるか否かを表すバイナリ変数 z_2 を導入して、次のように表現することができます。

$$L_2 z_2 \leq x_2 \leq L_2$$
$$0 \leq x_3 \leq L_3 z_2$$

これらの表現によって、$z_2 = 0$ の場合、$0 \leq x_2 \leq L_2$ かつ $x_3 = 0$、$z_2 = 1$ の場合、$x_2 = L_2$ かつ $0 \leq x_3 \leq L_3$ という意図どおりの対応関係が得られていることがわかります。

（$x_2 = L_2$ かつ $x_3 = 0$ のときの z_2 の値は、0 にも 1 にもなり得ますが、この例では折れ線関数が連続であるために問題とはなりません。）

なお、x_1 と x_3 との関係については x_1 と x_2 との関係および x_2 と x_3 との関係から導出できるため、特別な表現をする必要はありません。

最後に、$0 \leq x_2 \leq L_2 z_1$ と $L_2 z_2 \leq x_2 \leq L_2$ を 1 つの式 $L_2 z_2 \leq x_2 \leq L_2 z_1$ にまとめることで（この式から $z_1 = 0$ かつ $z_2 = 1$ というようなことは起こらないことがわかります）、最初に述べたように表現できます。

最後に、例に関連して区間が n 個に分割できる場合の表現を説明しておきます。

[例の表現（一般化した表現）]

$$f(x) = \sum_{i=1}^{n} s_i x_i + y_0$$

$$x = \sum_{i=1}^{n} x_i$$

$0 \le x_i \le L_i\,(\,i = 1, \cdots, n\,)$

$L_1 z_1 \le x_1 \le L_1$

$L_i z_i \le x_i \le L_i z_{i-1}\,(\,i = 2, \cdots, n-1\,)$

$0 \le x_n \le L_n z_{n-1}$

なお、$z_i\,(\,i = 1, \cdots, n-1\,)$ はバイナリ変数です。

⑨ 絶対値のバイナリ変数を用いた線形表現

絶対値については、前述の方法のほかに、バイナリ変数を用いて表現することもできます。ここでは、次の例をもとに表現方法を説明します。

[例]

連続変数 x の絶対値 $|x|$ について、バイナリ変数を用いて表現します。

ただし、上下限制約 $-M \le x \le M\,(M \ge 0)$ が課されているものとします。

この例を数式表現すると次のようになります。

[例の数式表現]

連続変数 x^+, x^- を導入し $|x| = x^+ - x^-$ と表現します。

なお、$x = x^+ + x^-$ とします。

ただし、以下の制約条件を導入します。

$0 \le x^+ \le Mz$

$-M(1-z) \le x^- \le 0$

ここで、z はバイナリ変数です。

以下では、このように表現できる理由について説明します。まず、新たに導入した変数について x^+ は $x \ge 0$ の場合の x の値、x^- は $x \le 0$ の場合の x の値

に対応させることを意図しています。よって、この意図をうまく表現することができれば、$x = x^+ + x^-$ および $|x| = x^+ - x^-$ となります。

「x^+ は $x \geq 0$ の場合の x の値、x^- は $x \leq 0$ の場合の x の値に対応させる」ということを表現するために、まずは上下限制約 $-M \leq x \leq M$ を利用し、$0 \leq x^+ \leq M$ および $-M \leq x^- \leq 0$ とし、x^+、x^- の取りうる値を制限します。ただし、このままでは、ある x の値を表す x^+、x^- の組み合わせが複数存在することになります。こうなると $|x| = x^+ - x^-$ としても得られる値は一意に定まらないことになり、意図どおりの値とならない可能性が高いため、工夫が必要です。

（たとえば $x = -1$ を表す際、$x^+ = 0$、$x^- = -1$ でも $x^+ = 2$、$x^- = -3$ でも構いません。ここで、前者だと $x^+ - x^-$ は 1 なので絶対値を表現できていますが、後者だと 5 となり絶対値を表現できていません。）

ここで、一意に定まらなかった理由を検討すると、「x^+、x^- に関して少なくとも一方は 0 でなければならない」という性質を考慮していなかったことが挙げられます。この性質は、$x = 0$ 以外では $x \geq 0$ かつ $x \leq 0$ とはならないことからいえます。この性質を表現するため、$x \geq 0$ と $x \leq 0$ のいずれの状態であるかを表すバイナリ変数 z を導入します。

なお、ここでは $z = 1$ を $x \geq 0$ の場合に、$z = 0$ を $x \leq 0$ の場合にそれぞれ対応させます。すると、今導入したバイナリ変数 z を利用し、以下の2つを表現することで性質を考慮できることがわかります。

$z = 1$ ならば $x^- = 0$ である

$z = 0$ ならば $x^+ = 0$ である

以上のことから、前述のように表現可能であることがわかります。

⑩ 連続変数とバイナリ変数の積の線形表現

連続変数とバイナリ変数の積で表された非線形項に関して、線形表現することで、より最適化問題として解く際に扱いやすい形にすることができま

す。

　ここでは、次の例を取り上げます。

　　[例]

　　　連続変数 x とバイナリ変数 δ の積 $x\delta$ を線形表現したい。ただし、x に
　　は上下限制約 $0 \leq x \leq M$（$M(\geq 0)$ は定数）が課されているものとします。

　　　（x の上限が不明である場合には、通常とり得ることがない大きな値
　　を M として与えることになります。ただし、あまりに大きな値を与え
　　ると、最適化ソフトウェアを使う際に不利になる可能性があるので注意
　　が必要です。）

この例を線形表現すると、次のようになります。

　　[例の線形表現]

　　　$x\delta$ を連続変数 y で置き換え、さらに次の制約条件を導入することで、
　　　線形表現となります。

$$y - M\delta \leq 0$$
$$-x + y \leq 0$$
$$x - y + M\delta \leq M$$
$$y \geq 0$$

以下では、このように表現できる理由を説明します。

$y = x\delta$ と置き換えることから、δ の値に応じて y の値は以下のようになる
必要があります。

$$y = \begin{cases} 0 & (\delta = 0) \\ x & (\delta = 1) \end{cases}$$

　よって、制約条件を導入することで、このようになっているかどうかの確
認をします。

また、$0 \leq x \leq M$ という上下限制約を崩していないかについても確認が必要となります。（制約条件を導入することで、x が取りうる範囲を狭めるようでは等価な変換とはいえないので、確認をしておきます。）

ここで、δ の値で場合分けをして導入した 4 個の制約条件で適切に表現されているかを確認します。

・$\delta = 0$ の場合

$\delta = 0$ を代入すると、導入した制約条件は以下のようになります。

$$y \leq 0$$
$$-x + y \leq 0$$
$$x - y \leq M$$
$$y \geq 0$$

すると、$y \leq 0$ と $y \geq 0$ から $0 \leq y \leq 0$、つまり $y = 0$ となります。さらに、残りの制約条件 $-x + y \leq 0$ と $x - y \leq M$ に $y = 0$ を代入し整理すると、$0 \leq x \leq M$ という、もともと課されている上下限制約となります。

・$\delta = 1$ の場合

$\delta = 1$ を代入すると、導入した制約条件は以下のようになります。

$$y - M \leq 0$$
$$-x + y \leq 0$$
$$x - y \leq 0$$
$$y \geq 0$$

すると、$-x + y \leq 0$ と $x - y \leq 0$ という 2 個の制約条件は、$x \leq y \leq x$ つまり $y = x$ とまとめられることがわかります。また、残りの制約条件 $y - M \leq 0$ と $y \geq 0$ については、まとめると $0 \leq y \leq M$ となります。ここで、$y = x$ なので代入すると、$0 \leq x \leq M$ という、もともと課されている上下限制約となることがわかります。

以上から、最初に述べたようにすることで、線形表現できていることがいえます。

（5） セパラブル・モデルの活用

本節では、セパラブル・モデルについて説明します。まず、セパラブル・モデルとはどのようなモデルなのかについて説明し、次に、セパラブルな関数について近似を利用してモデル化する方法について説明します。最後に、セパラブルではない関数をセパラブルな関数に変換する手法について触れます。

① セパラブル・モデルとは

セパラブル・モデルについて説明するために、まずセパラブルな関数について説明します。セパラブルな関数とは、次のような関数のことをいいます。

> **［セパラブルな関数］**
>
> セパラブルな関数とは、1変数関数の和として表される関数のことである。

これより、セパラブルな関数では、1つの項の中に含まれる変数の数は1つということになります。よって、たとえば $x_1^2 + 2x_2 + e^{x_3}$ という関数はセパラブルですが、$3x_1x_2 + \dfrac{x_3}{x_2+1}$ という関数はセパラブルではありません。なお、セパラブルな関数については、次のような性質があります。

［セパラブルな関数の性質］

・バイナリ変数を用いて折れ線近似ができる。

・凸な最小化問題に関して、折れ線近似をした問題において大域的最適解を得ることができる。なお、凸でない場合には局所的最適解が得られ

る。

　なお、セパラブル・モデルとは、セパラブルな関数を持つ最適化モデルのことです。

②　折れ線関数による近似を利用したモデル化

　前述のように、セパラブルな関数は折れ線近似が可能です。ここでは、次の問題を例として、セパラブルな関数を折れ線近似することによって線形な問題として表現する方法を説明します。

　［例］

　　最小化　　　　$x_1{}^2 - 4x_1 - 2x_2$
　　制約条件　　　$x_1 + x_2 \leq 4$
　　　　　　　　　$2x_1 + x_2 \leq 5$
　　　　　　　　　$-x_1 + 4x_2 \geq 2$
　　　　　　　　　$x_1 \geq 0,\ \ x_2 \geq 0$

　この例について、線形で表現するためには非線形である項 $x_1{}^2$ を線形近似する必要があります。まず、制約条件を吟味すると $2x_1 + x_2 \leq 5$ と $x_1 \geq 0$、$x_2 \geq 0$ から $0 \leq x_1 \leq 2.5$ であることがわかるため、$x_1{}^2$ を $0 \leq x_1 \leq 2.5$ の範囲で近似を行えば十分ということになります。よって、ここでは次の図のように、$0 \leq x_1 \leq 2.5$ を $0 \leq x_1 \leq 1$、$1 \leq x_1 \leq 2$、$2 \leq x_1 \leq 2.5$ という３つの区間に分割して、折れ線近似を行うことにします。

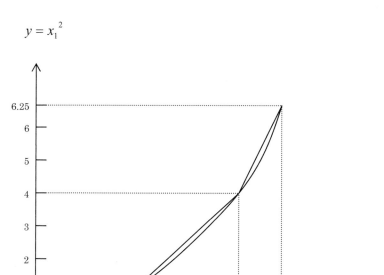

$y = x_1{}^2$

折れ線近似に関して、前述した方法によって表現することも可能ですが、ここでは異なる表現を用います。ここでは、折れ線近似を次のように表現します。

$x_1 = 0\lambda_1 + 1\lambda_2 + 2\lambda_3 + 2.5\lambda_4$

$y = 0\lambda_1 + 1\lambda_2 + 4\lambda_3 + 6.25\lambda_4$

$\lambda_1 + \lambda_2 + \lambda_3 + \lambda_4 = 1$

$\lambda_i \geq 0 \, (i = 1, \cdots, 4)$

ただし、2つの隣り合った λ_i のみが0ではない。

$\cdots\cdots\cdots$（1）

ここで、（1）は x_1, y が折れ線上の値をとることを保証するためのものです。たとえば、λ_2、λ_3 が0ではなく λ_1、λ_4 が0である場合、

$$x_1 = 1\lambda_2 + 2\lambda_3$$

$$y = 1\lambda_2 + 4\lambda_3$$

$$\lambda_2 + \lambda_3 = 1$$

$$\lambda_i \geq 0 \ (i = 2, 3)$$

ということになり、$1 \leq x_1 \leq 2$ での折れ線上の値に対応することがわかります。一方で、$\lambda_1 = 0.25$、$\lambda_2 = 0.5$、$\lambda_3 = 0.25$、$\lambda_4 = 0$ というような（1）を満たさないケースでは、$x_1 = 1$、$y = 1.5$ という折れ線上にない値となってしまいます。

なお、（1）はバイナリ変数 $\delta_i \ (i = 1, 2, 3)$ を導入することで、次のように数式表現できます。

[（1）に対応する数式表現]

$$\lambda_1 - \delta_1 \leq 0$$

$$\lambda_2 - \delta_1 - \delta_2 \leq 0$$

$$\lambda_3 - \delta_2 - \delta_3 \leq 0$$

$$\lambda_4 - \delta_3 \leq 0$$

$$\delta_1 + \delta_2 + \delta_3 = 1$$

たとえば、$\delta_2 = 1$ の場合、$\delta_1 + \delta_2 + \delta_3 = 1$ から $\delta_1 = 0$、$\delta_3 = 0$ となるため、その他の条件は $\lambda_1 \leq 0$、$\lambda_2 - 1 \leq 0$、$\lambda_3 - 1 \leq 0$、$\lambda_4 \leq 0$ と書けます。これと $\lambda_i \geq 0 \ (i = 1, \cdots, 4)$ から 0 以外の値を取り得るのは、λ_2、λ_3 のみとなります。

以上のことを踏まえると、次のような混合整数計画問題（MILP）として表現できます。

[例の数式表現（MILP）]

最小化 　　　　$y - 4x_1 - 2x_2$

制約条件 　　　$x_1 + x_2 \leq 4$

$$2x_1 + x_2 \leq 5$$

$$-x_1 + 4x_2 \geq 2$$

$$x_1 \geq 0, \quad x_2 \geq 0$$

$$x_1 = \lambda_2 + 2\lambda_3 + 2.5\lambda_4$$

$$y = \lambda_2 + 4\lambda_3 + 6.25\lambda_4$$

$$\lambda_1 + \lambda_2 + \lambda_3 + \lambda_4 = 1$$

$$\lambda_i \geq 0 \, (i = 1, \cdots, 4)$$

$$\lambda_1 - \delta_1 \leq 0$$

$$\lambda_2 - \delta_1 - \delta_2 \leq 0$$

$$\lambda_3 - \delta_2 - \delta_3 \leq 0$$

$$\lambda_4 - \delta_3 \leq 0$$

$$\delta_1 + \delta_2 + \delta_3 = 1$$

ここで、例について、次の特徴があります。

・y は最小化される目的関数に含まれる。

・y は凸関数である。

これらの特徴から、（1）に対応する数式表現は取り除くことができます。よって、この例は、次のような線形計画問題（LP）として表現できることになります。

[例の数式表現（LP）]

最小化　　$y - 4x_1 - 2x_2$

制約条件　$x_1 + x_2 \leq 4$

$$2x_1 + x_2 \leq 5$$

$$-x_1 + 4x_2 \geq 2$$

$$x_1 \geq 0, \quad x_2 \geq 0$$

$$x_1 = \lambda_2 + 2\lambda_3 + 2.5\lambda_4$$

$$y = \lambda_2 + 4\lambda_3 + 6.25\lambda_4$$

$$\lambda_1 + \lambda_2 + \lambda_3 + \lambda_4 = 1$$

$$\lambda_i \geq 0 \; (i = 1, \cdots, 4)$$

③　セパラブルな関数への変換

　セパラブルではない関数をセパラブルな関数に変換することで、セパラブル・モデルとして扱うことが可能となる場合があります。たとえば、次のようにすると2つの変数の積をセパラブルな形に変換することができます。

[2つの変数の積をセパラブルな形に変換する方法]

　$x_1 x_2$ をセパラブルな形にするため、新しい変数 u_1、u_2 を用意して、次のように定めます。

$$u_1 = \frac{x_1 + x_2}{2} \qquad u_2 = \frac{x_1 - x_2}{2}$$

　すると、$x_1 x_2$ は u_1、u_2 を用いて、次のようにセパラブルな形で表現できます。

$$x_1 x_2 = u_1{}^2 - u_2{}^2$$

　実際、代入して確かめると次のようになり、表現できていることが確認できます。

$$
\begin{aligned}
u_1{}^2 - u_2{}^2 &= \left(\frac{x_1 + x_2}{2}\right)^2 - \left(\frac{x_1 - x_2}{2}\right)^2 \\
&= \frac{x_1{}^2 + 2x_1 x_2 + x_2{}^2}{4} - \frac{x_1{}^2 - 2x_1 x_2 + x_2{}^2}{4} \\
&= x_1 x_2
\end{aligned}
$$

モデル化に有効なテクニック

　本節では、問題をモデル化して最適化問題として解く過程で検討すべき事項や有効なテクニックについて紹介します。なお、一部については汎用最適化ソフトウェア NUOPT 付属のモデリング言語 SIMPLE での記述例も示します。また、パラメータファイル nuopt.prm 内に設定を記述する方法についても記載してありますが、nuopt.prm の書式は以下のとおりです。

　　[パラメータファイル nuopt.prm の書式]
　　　begin
　　　（設定事項を列挙）
　　　end

　本節内のパラメータファイル nuopt.prm 内での設定例については「設定事項を列挙」部分の記述例のみ記載してあり、begin と end は省略しているので注意してください。

（1）　検討のフロー

　ここでは、最適化問題を数式表現して解く過程において検討すべき事項についてまとめます。以下について、検討フローを掲載します。

　①　最適化問題を解くことで問題解決を行う際に必要なプロセス
　②　数式表現が複雑で解を得ることが困難なケース
　③　非線形計画問題を解こうとした際に解法が収束しないケース
　④　解は得られているが予想より悪い値であるケース

① 最適化問題を解くことで問題解決を行う際に必要なプロセス

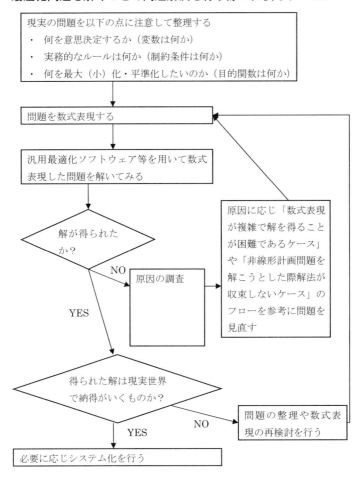

　なお、「得られた解は現実世界で納得のいくものであるか」については、現実の問題を扱っている担当者の意見を評価の参考にしたほうがいいでしょう。このことについては、得られた解に対する評価の観点の例を以下に挙げます。
　・目的関数値は妥当なものとなっているか
　・現実世界での実務的なルールが満たされているか

② 数式表現が複雑で解を得ることが困難であるケース

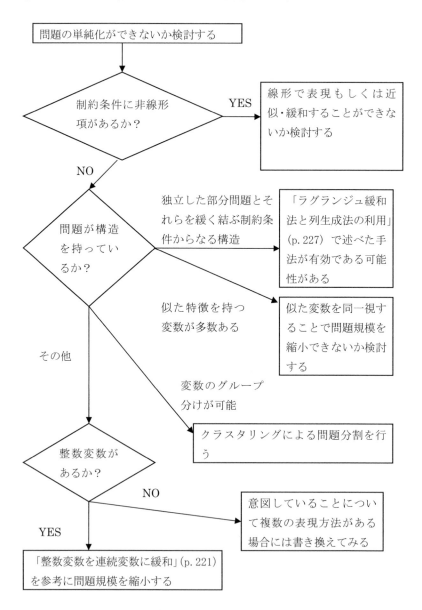

③ 非線形計画問題を解こうとした際、解法が収束しないケース

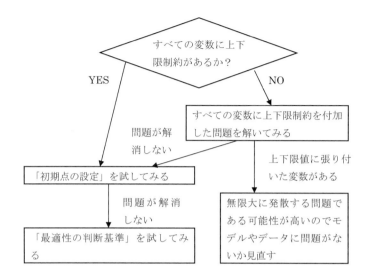

④ 解は得られているが予想より悪い値であるケース

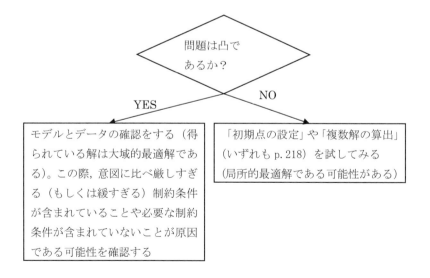

（2） 初期値の設定

解を求める際の変数の初期値を最適化ソフトウェアに与えることによって、より良い解を得られる可能性もあります。この理由として、数値的な振る舞いの安定化があげられます。たとえば、$\log x$ という項を含むような最適化問題の解を得ようとした場合には、x の初期値を 0 （に十分近い）値に設定してしまうと、$\log x$ は限りなく小さな値となるため数値的な不安定が起こる原因となり得ます。このため、数値的な不安定が起こる可能性が小さい値を初期点とするべきなのです。

また、後述するように、今までとは異なる局所的最適解を得ることを意図して、初期値を設定する場合もあります。

なお、SIMPLE では次の例のように記述することで、初期値を設定できます。

［モデリング言語 SIMPLE での記述例］
　　変数 x の初期値を 1 に設定する場合次のように記述する。

```
Variable x;
x = 1;
```

（3） 複数解の算出

非線形計画問題を解く手法に関しては、凸計画問題ではない場合、局所的最適解への収束は理論的に保証されていても大域的最適解への収束は保証されていない場合が多くあります（凸計画問題については、すべての局所的最適解は大域的最適解でもあることが知られています）。このため、複数回解くことによって複数の解を算出することで、今まで得られていたものよりも良い局所的最適解を発見できる可能性があります。

なお、複数回解く単純な方法としては、いくつか異なる初期点を設定して解を求めるという方法もあります。また、変数の取りうる範囲を適切に制限

して複数回解くこともあります。

（4）　解法を変えてみる

最適化問題を解くための解法は多数存在します。解法にはそれぞれ特徴があり、ある構造の問題に対しては良い性能を発揮するが、別の構造を持つ問題に対してはよくないということが起きます。このため、ある解法で解を得ることができなかったとしても、別の解法を用いることで解を得ることができる可能性がああります。

また、前述のとおり、線形計画問題に対してシンプレックス法（単体法）と内点法で異なる点を得る場合があります。このため、上記フロー内で述べた「得られた解は現実世界で納得がいくものか」という部分で、解法の選択によって差がつく可能性もあります。

なお、NUOPT を用いる場合には、解法は以下のようにして設定します。

［NUOPT での解法の設定方法］

ここでは、解法としてシンプレックス法（単体法）を用いるという設定をします。

（モデルファイル内に直接記述する場合）

options.method = "simplex";

（パラメータファイル nuopt.prm 内に記述する場合）

method:simplex

（5）　問題を分割する

問題の構造に依存する面はありますが、一般に、最適化問題は規模が大きくなるほど解を得にくくなります。このため、本来解きたい大規模な最適化問題をいくつかの小規模な最適化問題に分割することで解を得やすくするという方法もあります。

単純な分割の方法としては、依存関係がない変数に関して分離するというものがあります。たとえば、次のような問題の場合には、x_1、x_2 からなる問題と y_1、y_2 からなる問題に分割することができます。この際、分割前の問題の目的関数値は分割後の 2 個の問題の目的関数値の和ということになります。

[例]

分割前：

最小化　　$x_1 x_2 - y_1 + 5 y_2$

制約条件　$x_1 + x_2 \leq 5$

$3 y_1 + 2 y_2 \leq 7$

$x_1 \geq 0,\ x_2 \geq 0,\ y_1 \geq 0,\ y_2 \geq 0$

分割後：

（問題 1 ）

最小化　　$x_1 x_2$

制約条件　$x_1 + x_2 \leq 5$

$x_1 \geq 0,\ x_2 \geq 0$

（問題 2 ）

最小化　　$-y_1 + 5 y_2$

制約条件　$3 y_1 + 2 y_2 \leq 7$

$y_1 \geq 0,\ y_2 \geq 0$

なお、この例のように単純に分割できる場合には問題となりませんが、分割の仕方によっては、各部分問題については最適であっても全体としてみた場合に最適ではないという可能性もあるため注意が必要です。

（例として、一度に全国の配送計画を立てることが困難なため、地域ごとに分割をした場合を考えます。地域単位で見た場合には最適であっても、地

域をまたがる配送をしたほうが有利なケースである場合には、全国で見た場合には最適でないという場合もあります。）

（6） 整数変数を連続変数に緩和する

一般に、連続変数のみからなる問題に比べて、整数変数を含む問題のほうが難しい問題となります。このため、そのままの形で解くことが難しい場合には、整数変数を連続変数に緩和した問題を解くことで、もともとの問題の解の見当をつけるということもあります。

整数変数を連続変数に緩和する場合には、たとえばある整数変数 z が $0-1$ 変数（$z \in \{0,1\}$ という条件がある変数）の場合に、$0 \leq z \leq 1$ とし連続変数となるように緩和することになります。

なお、SIMPLE では、$0-1$ 変数 z を連続変数に緩和する場合、次のように書き直します。

［モデリング言語 SIMPLE での記述例］
　　（緩和前）
　　　　　　　IntegerVariable z(type = binary);
　　（緩和後）
　　　　　　　Variable z;
　　　　　　　0 < = z < = 1;

緩和した問題の解について、元の問題の初期点設定の際に参考にするという使い方が考えられます。また、ある整数値に固定しても問題ないと判断できる場合には、固定してしまうこともあり得ます。こうすることで、元の問題について問題規模を小さくすることができるため、解を得やすくなります。

（7） 近似方法の種類・近似のポイント

本項では、近似について、種類ごとにポイントをまとめます。

① 折れ線近似

これは、非線形関数を折れ線関数で近似することです。折れ線近似では、区間をどう分割するのかによって、ある程度の不正確さが伴います。不正確性を除くためには、より細かく分割することになります。たとえば、次の左の図のように2つの区間に分割する場合に比べて、右の図のように6つの区間に分割したほうがより正確に表現できています。

[分割の細かさによる近似の違い]

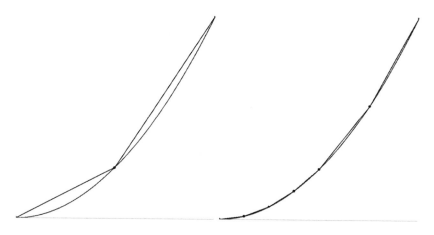

　ただし、より細かくするということは、折れ線関数を表現するために用いる変数の数が増えるということでもあります。このため、場合によっては、変数の増加量を抑えることで最適化問題が解きにくいものにならないように工夫する必要があります。具体的には、まずある程度の細かさで分割した問題を前段階として解き、その結果を元により細かく分割した問題を解くという方法もあります。この際、細かく分割するのは前段階で得た最適解付近に絞ることで変数の数の増加量を抑えます。

② 線形近似

非線形関数を線形関数で近似することです。一般に、非線形計画問題に比べて線形計画問題のほうが高速に解くことができ、かつ扱いやすいことから用いられる手法です。この際、満足できる程度に近似できているかどうかを注意する必要があります。なお、近似の際には、テイラー展開の情報などを利用することもあります。

（8） 最適性の判断方法

非線形計画問題では、一般に、大域的最適解を得ることは容易ではないため、局所的最適解を考えることが多いといえます。このことに関連して、局所的最適解が満たすべき条件・局所的最適解であることを保証するための条件を総称して、最適性条件と呼びます。このため、最適性の判断のためには最適性条件を満たしているかを確かめることになります。

なお、代表的な最適性条件としては、次の KKT 条件（Karush-Kuhn-Tucker 条件）があります。（説明中に出てくる「制約想定」には、1 次独立制約想定や Slater 制約想定などがあります。）

[KKT 条件]

次の最適化問題を考えます。

最小化 $\quad f(x)$

制約条件 $\quad g_i(x) \leq 0 \ (i = 1, \cdots, m)$

$\qquad\qquad h_j(x) = 0 \ (j = 1, \cdots, l)$

ただし、f, g_i、h_j はすべて微分可能な $\Re^n \to \Re$ の関数とします。

このとき、この問題に対する KKT 条件は次式で表されます。

$$\nabla f(\bar{x}) + \sum_{i=1}^{m} \bar{\lambda}_i \nabla g_i(\bar{x}) + \sum_{i=1}^{m} \bar{\mu} \nabla h_j(\bar{x}) = 0$$

$$h_j(x) = 0 \ (j = 1, \cdots, l)$$

$$\bar{\lambda}_i \geq 0, \quad g_i(\bar{x}) \leq 0, \quad \bar{\lambda}_i g_i(\bar{x}) = 0 \quad (i = 1, \cdots, m)$$

KKT 条件内の $\bar{x}$ に対し、制約想定を仮定したとき、KKT 条件を満たすような $\bar{\lambda}_i$、$\bar{\mu}_j$ の存在が保証され、$\bar{x}$ が最適化問題の局所的最適解となることの1次の必要条件となります。

汎用最適化ソフトウェアでは最適性条件を終了判定に用いています。

このため、最適性条件をある程度納得できる水準まで満たしているのに、終了判定基準を満たさないため、なかなか終了しないような場合は、最適性条件に関する終了条件を緩和することが考えられます。ただし、得られた解を利用する際には、緩和しているために精度が落ちている可能性があることを考慮する必要があります。

なお、汎用最適化ソフトウェア NUOPT では次のようにして最適性条件に関する終了判定基準を設定します。

[NUOPT での最適性条件に関する終了判定基準の設定方法]

ここでは、最適性条件の残差が $1.0\mathrm{e}-5$ 以下になった際に終了するように設定します。

（モデルファイル内に直接記述する場合）

options.eps $= 1.0\mathrm{e}-5;$

（パラメータファイル nuopt.prm 内に記述する場合）

crit:eps $= 1.0\mathrm{e}-5$

また、最適性条件を満たしつつあるところで、解法に対して設定されている反復回数上限に達してしまった場合には、反復回数上限を増やすとよいでしょう。

なお、NUOPT では次のようにして反復回数上限を設定します。

[NUOPT での反復回数上限の設定方法]

ここでは、反復回数上限を300に設定します。

（モデルファイル内に直接記述する場合）

options.maxitn = 300;

（パラメータファイル nuopt.prm 内に記述する場合）

crit:maxitn = 300

（9）　双対問題の利用

もともと解きたい問題（以下では主問題と呼ぶ）に対して、双対問題と呼ばれる問題を生成し、利用することがあります。

たとえば、線形計画問題を標準形と呼ばれる形式で行列とベクトルを用い表現したものについて、双対問題を生成すると以下のようになります。

（変数の導入等を行うことで、不等式制約や自由変数を含むような線形計画問題についても、標準形で表現することができます。）

[標準形の線形計画問題と双対問題]

（主問題・標準形の線形計画問題）

最小化　　　$\mathbf{c}^T \mathbf{x}$

制約条件　　$\mathbf{A}\mathbf{x} = \mathbf{b}$

$\mathbf{x} \geq 0$

（双対問題）

最大化　　　$\mathbf{b}^T \mathbf{y}$

制約条件　　$\mathbf{A}^T \mathbf{y} \leq \mathbf{c}$

なお、主問題の変数（主変数と呼ばれる）は $\mathbf{x}$ であり、双対問題の変数（双対変数と呼ばれる）は $\mathbf{y}$ です。

線形計画問題の場合、主問題の実行可能解と双対問題の実行可能解の関係を表す次の定理（弱双対定理と呼ばれる）が成り立ちます。

> **[線形計画問題に対する弱双対定理]**
>
> 　ここでは、標準形の線形計画問題とその双対問題を考えます。
>
> 　主問題の実行可能解 $\bar{\mathbf{x}}$ を、双対問題の実行可能解 $\bar{\mathbf{y}}$ とすると、主問題と双対問題の目的関数値に関して次の関係が成り立ちます。
>
> $$\mathbf{c}^T\bar{\mathbf{x}} \geq \mathbf{b}^T\bar{\mathbf{y}}$$

　弱双対定理を解釈すると、双対問題の実行可能解における目的関数値は、主問題の目的関数値の下界値になっているといえます。また、双対問題の最適解での目的関数値が最も良い下界値となります。このため、双対問題を解くことによって、主問題の目的関数値の下界値を得るという使用方法もあります。

　ここで、弱双対定理から主問題のある実行可能解における目的関数値と、双対問題のある実行可能解における目的関数値が一致するならば、それぞれの実行可能解が最適解であるといえます。線形計画問題の場合には、主問題と双対問題がともに実行可能解を持つならば、それぞれの問題の最適解における目的関数値は一致することが知られており、双対定理と呼ばれています。なお、線形計画問題の場合には、主問題・双対問題の実行可能性と目的関数値との間には、次の表のような関係があります。

		双対問題	
		実行可能である	実行可能ではない
主問題	実行可能である	$\min \mathbf{c}^T\bar{\mathbf{x}} = \max \mathbf{b}^T\bar{\mathbf{y}}$	$\min \mathbf{c}^T\bar{\mathbf{x}} = -\infty$
	実行可能ではない	$\max \mathbf{b}^T\bar{\mathbf{y}} = \infty$	---

ここでは、線形計画問題に関して双対問題等を説明しましたが、線形計画問題以外の問題に対しても、双対問題を作成することができます。ただし、主問題の最適解における目的関数値と、双対問題の最適解における目的関数値が一致するとは限らない点に注意が必要です。また、非線形計画問題に対する双対問題の作成方法に関しては、さまざまな提案がなされています。

(10)　ラグランジュ緩和法と列生成法の利用

　大規模な問題を解く場合には、ラグランジュ緩和法と列生成法それぞれの概念を組み合わせた手法を用いることで、効率的な探索ができる場合があります。本節では、まずラグランジュ緩和法列生成法について簡単に説明し、その後、組み合わせた手法について解説します。

①　ラグランジュ緩和法

　ラグランジュ緩和法とは、制約条件の一部（あるいは全部）を緩和する方法の１つです。この緩和法では緩和する制約条件は、単に取り除くのではなく、制約違反をした際には目的関数に１次のペナルティがかかるように修正します。

　ここでは、次の問題を例に取り上げます。

　　　[例]

　　　最小化　　　　　$-2x-3y$

　　　制約条件　　　$x+y \leq 1$

　　　　　　　　　　$4x+y = 2$

　　　　　　　　　　$x \geq 0, \quad y \geq 0$

　この例について、たとえば $x+y \leq 1$ と $4x+y = 2$ の２つの制約条件をラグランジュ緩和した問題は次のようになります。なお、この問題のことをラグランジュ緩和問題と呼びます。

[例のラグランジュ緩和問題]

最小化　　　　$-2x-3y+\lambda(x+y-1)+\mu(4x+y-2)$

制約条件　　　$x \geq 0,\ y \geq 0$

　ここで、緩和の際に用いた λ、μ のことをラグランジュ乗数といいます。また、ラグランジュ乗数は、ラグランジュ緩和問題を解く際には通常固定されます。

　なお、ラグランジュ緩和問題は、元の最小化問題の最適解での目的関数値の下界値を求めるために利用されるため（元問題が最大化問題の場合には、上界値を求めるために利用されます）、ラグランジュ乗数に条件を課す必要があります。

　この例では、$\lambda \geq 0$ であれば下界値の情報を得ることができます。これは、元の問題の制約条件を満たす領域内で、$-2x-3y \geq -2x-3y+\lambda(x+y-1)+\mu(4x+y-2)$ となるようにしなければ、下界値として利用することができないためです。ただし、λ、μ にどのような値を与えるかによって得られる下界値の精度は大きく異なる点に注意が必要です。

　② 　列生成法

　列生成法とは、Dantzig-Wolfe 分解という手法の考え方を応用する線形計画問題の解法です。列生成法では、以下の手順を繰り返すことによって解を求めます。

[列生成法の手順]

Step 0　　実行可能領域内の点を取得する

Step 1　　プライシングを行い、双対変数の値を求める

Step 2　　Step 1で得た双対変数の値を用いてラグランジュ緩和問題を解く

　　　　　これにより下界値が取得できる

Step 3 　ラグランジュ緩和問題の解を実行可能解の生成系に追加する

　　　　　実行可能解の生成系から上界値・実行可能解を得る

Step 4 　上界値と下界値の差が十分小さい場合は終了する

　　　　　そうでない場合は、Step 1へ

　列生成法はラグランジュ緩和問題を解くことによって、元の問題の解の候補を逐次追加していく手法といえます。

③ ラグランジュ緩和法と列生成法を組み合わせた手法

　ラグランジュ緩和法と列生成法それぞれの考え方を組み合わせることで、大規模な混合整数計画問題に対する解法を構築することができます。特に、ラグランジュ緩和問題がいくつかの部分問題に分割できて、各部分問題が比較的容易に解けるような場合には、威力を発揮します。以下では、この手法の概要を説明します。

　ここでは、次の問題を例に説明します。

[例]

最小化　　　$\displaystyle\sum_{t=1}^{T} f_t(x_t)$

制約条件　　$g_t(x_t) \geq 0 \quad (t=1,\cdots,T)$ ………（1）

　　　　　　$\displaystyle\sum_{t=1}^{T} h_{it}(x_t) \geq 0 \quad (i=1,\cdots,m)$ ………（2）

なお、ここでは x_t は連続変数でも整数変数でもよいものとします。

　この例では目的関数と制約条件（1）については、t に関して分離可能ですが、制約条件（2）により結び付けられています。このように、分離可能な部分問題が制約条件により緩く結合している場合に、この手法は有効で

す。

　この例について、制約条件（2）を緩和したラグランジュ緩和問題は、次のようになります。

　　[例のラグランジュ緩和問題]

　　　　最小化　　　$\displaystyle\sum_{t=1}^{T} f_t(x_t) - \sum_{i=1}^{m} \lambda_i \sum_{t=1}^{T} h_{it}(x_t)$

　　　　制約条件　　$g_t(x_t) \geq 0 \ (t=1,\cdots,T)$

　　　　ただし、ラグランジュ乗数について $\lambda_i \geq 0$ でなければ下界値が得られない点に注意が必要です。

　このように緩和することによって、t に関して分離可能となり、部分問題が解きやすいものとなります。ただし、ラグランジュ乗数を何に固定するのかを何らかの方法で決定しなければなりません。ここでどのようにラグランジュ乗数を決定するかを説明します。

　ここで、制約条件（1）を満たすような x_t のパターンがすべて列挙されているとします。すると、次のような問題を解くことで、例の解を得ることができます。

　　[例に対するパターン選択問題]

　　　　最小化　　　$\displaystyle\sum_{t=1}^{T} \sum_{p \in P} u_t^p f_t^p$

　　　　制約条件　　$\displaystyle\sum_{p \in P} u_t^p = 1 \ (t=1,\cdots,T)$

　　　　　　　　　　$\displaystyle\sum_{t=1}^{T} \sum_{p \in P} u_t^p h_{it}^p \geq 0 \ (i=1,\cdots,m)$　　　　　………（3）

　　　　ただし、

・$u_t{}^p$：t についてパターン p を採用するか否かを表すバイナリ変数

・$x_t{}^p$：パターン p に対する x_t の値（制約条件（1）は満たすものとする）

・$f_t{}^p = f_t(x_t{}^p),\ h_{it}{}^p = h_{it}(x_t{}^p)$

とする。

　この問題は、制約条件（2）を満たす中で、最も良いパターンを選択する問題と見ることができます。なお、パターンがすべて列挙されていれば、得られた解は元の問題の最適解となりますが、パターン列挙が不完全である場合には、得られた解は元の問題の上界値となります。ここで、パターン選択問題に関して、制約条件（3）にラグランジュ乗数を導入のうえで、双対問題を生成して整理すると、次のようになります。

［例に対するパターン選択問題の双対問題］

最大化　　　$\displaystyle\sum_{t=1}^{T} s_t$

制約条件　　$\displaystyle s_t \leq f_t{}^p - \sum_{i=1}^{m} \lambda_i h_{it}{}^p \quad (t=1,\cdots,T)\,(p\in P)$

ただし、この問題の変数は $s_t,\ \lambda_i$ である点に注意が必要。

　この双対問題を解いた結果得られた λ_i をラグランジュ緩和問題のラグランジュ乗数とできればよいのですが、「x_t のパターンをすべて列挙する」のは大規模な問題の場合、事実上不可能です。このため、列挙が不完全なパターン集合に対して、パターン選択問題の双対問題を解きます。ただし、下界値として用いたいという意図があるため、$\lambda_i \geq 0\,(i=1,\cdots,m)$ という制約条件を加えます。その結果得られた λ_i をラグランジュ緩和問題のラグランジュ乗数とします。なお、双対問題を解く際には、シンプレックス法（単体

法）ではなく、内点法を用います。これは、経験上から、ラグランジュ緩和問題で新たなパターンを取得しやすいためです。

　最後に、この手法を用いるためには、「パターン選択問題の双対問題について、パターン列挙が不完全な場合にも実行可能解が存在する」という保証を与える必要があります。このため、何らかの手順で実行可能な初期パターンを得る必要がある点に注意が必要です。

　以上をまとめると、次のようなアルゴリズムとなります。

[**手法のアルゴリズム**]

Step 0　初期の実行可能解を何らかの方法で取得する

Step 1　ラグランジュ乗数を求める（不完全なパターンに対するパターン選択問題の双対問題を解く）

Step 2　下界値の更新と新たなパターンの取得（Step 1で得られたラグランジュ乗数を用いラグランジュ緩和問題（を分離した部分問題）を解く）

Step 3　実行可能解の取得と上界値の更新（不完全なパターンに対するパターン選択問題を解く）

Step 4　上界値と下界値の差が十分小さい場合もしくは十分な回数反復した場合終了する。そうでない場合は、Step 1へ

　たとえば、次の問題をこの手法で解くことにします。ただし、x_1、x_2、y_1、y_2は連続変数、z、wは $0-1$ 変数です。

[**例**]

最小化　　　$3x_1 + 5x_2 - 2z - 5y_1 + y_2 + w$

制約条件　　$2x_1 - 3x_2 + z \geq 3$

　　　　　　$y_1 + y_2 - 2w \leq 5$

$$-y_1 + 2y_2 \geq -6$$
$$z + w \geq 1$$
$$x_1 \geq 0, \quad x_2 \geq 0$$
$$y_1 \geq 0, \quad y_2 \geq 0$$

この問題は、変数 x_1、x_2、z からなる部分問題と変数 y_1、y_2、w からなる部分問題が制約条件 $z + w \geq 1$ により緩く結合しているという構造をしています。このため、$z + w \geq 1$ をラグランジュ緩和することで手法の適用ができます。

（ラグランジュ緩和する制約条件の定数項の扱いについては、ここでは $z + (w-1) \geq 0$ とみなしてアルゴリズムを構築しています。）

また、アルゴリズムに関しては、以下のようになります。ただし、パターン i に対する各変数の値を x_{1i}、x_{2i}、y_{1i}、y_{2i}、z_i、w_i とし、アルゴリズム中に出てくる値は、以下のとおりです。

- $f_{1i} = 3x_{1i} + 5x_{2i} - 2z_i$
- $f_{2i} = -5y_{1i} + y_{2i} + w_i$
- $h_{1i} = z_i$
- $h_{2i} = w_i - 1$

また、P' は列挙が不完全なパターンの集合です。

[例を解くためのアルゴリズム]

Step 0 　初期の実行可能解を何らかの方法で取得する

Step 1 　次の問題を解き、ラグランジュ乗数 λ を求める

最大化　　　$s_1 + s_2$

制約条件　　$s_1 \leq f_{1i} - \lambda h_{1i} \ (i \in P')$

　　　　　　$s_2 \leq f_{2i} - \lambda h_{2i} \ (i \in P')$

$$\lambda \geq 0$$

Step 2　Step 1で求めたλに対し、次の2つの問題を解き下界値の更新と新たなパターンの取得を行う

（問題1）

最小化　　　$3x_1 + 5x_2 - 2z - \lambda z$

制約条件　　$2x_1 - 3x_2 + z \geq 3$

　　　　　　$x_1 \geq 0, \quad x_2 \geq 0$

（問題2）

最小化　　　$-5y_1 + y_2 + w - \lambda(w-1)$

制約条件　　$y_1 + y_2 - 2w \leq 5$

　　　　　　$-y_1 + 2y_2 \geq -6$

　　　　　　$y_1 \geq 0, \quad y_2 \geq 0$

Step 3　次の問題を解くことで、実行可能解の取得と上界値の更新を行う

最小化　　　$\displaystyle\sum_{i \in P'} (u_{1i}f_{1i} + u_{2i}f_{2i})$

制約条件　　$\displaystyle\sum_{i \in P'} u_{1i} = 1$

　　　　　　$\displaystyle\sum_{i \in P'} u_{2i} = 1$

　　　　　　$\displaystyle\sum_{i \in P'} (u_{1i}h_{1i} + u_{2i}h_{2i}) \geq 0$

ただし、u_{1i}, u_{2i} は $0-1$ 変数である。

Step 4　上界値と下界値の差が十分小さい場合もしくは十分な回数反復した場合終了する。そうでない場合は、Step 1へ

（11）　線形計画問題における矛盾する制約条件の発見

　最適化問題に関して、互いに矛盾する制約条件がある場合には、実行可能解が存在しません。このため、互いに矛盾する制約条件を発見することができれば、モデルの修正等の糸口とすることができます。

　線形計画問題に関しては、汎用最適化ソフトウェアを用いることによって互いに矛盾する制約条件を知ることが可能な場合があります。たとえば、NUOPT を用いる場合には、線形計画問題に対して互いに矛盾する制約条件の最小の組 IIS（Irreducible Infeasible Set）を導出する機能を利用することになります。

　次の線形計画問題について取り上げると、NUOPT を用いることで IIS は（＊）印を付けた3つの制約条件からなるということを知ることができます。

[例]

（問題）

最小化	$x+y+z$	
制約条件	$x \geq y$	……（＊）
	$1+z \geq x$	……（＊）
	$y \geq 2+z$	……（＊）
	$x+y+z \geq 0$	

（問題をモデリング言語 SIMPLE で記述した例）

```
Variable x, y, z;
Objective obj;
obj = x + y + z;
x > = y;
1 + z > = x;
y > = 2 + z;
```

$x + y + z > = 0;$

options.method = "simplex"; // 解法として単体法を指定

（NUOPT の出力の一部）

%%

%% IIS

%%

#2   sample.smp:4   : $y - x$

                                  < =   0   (0)

#3   sample.smp:5   : $- 1 + x - z$

                                  < =   0   (0)

#4   sample.smp:6INFS : $2 + z - y$

                                  < =   0   (1)

（12）　スラック変数の導入による実行不可能性の緩和

　ある問題について実行不可能であった場合には、スラック変数と呼ばれる制約条件の緩和量を表す変数を導入することで、実行不可能性を緩和することがあります。ここで、スラック変数の役割について、各地点での需要を満たすような輸送量を求める問題を例に説明します。需要を満たすような輸送量が発見できなかった場合には、「需要を満たせない場合には別途購入して補う。ただし、補う量はできるだけ少なくしたい」というような条件を追加して緩和することを考えます。スラック変数は、このケースでの別途購入して補う量に相当します。

スラック変数の導入方法について、次の問題を例にします。

[例]

最小化　　　　$f(x)$

制約条件　　　$g(x) \geq 0$

例について、スラック変数 s を導入し緩和すると、次のようになります。

[例（スラック変数導入後）]

最小化　　　　$f(x) + ps$

制約条件　　　$g(x) + s \geq 0$

　　　　　　　$s \geq 0$

なお、p は正の定数である。

　スラック変数を導入することにより、もともとの制約条件の違反量がスラック変数に吸収されるため、解が得られることがわかります。なお、目的関数に ps という項が加わっているのは、もともとの制約条件をどの程度緩和しているのかをできるだけ正確に表現するためです。

　（このようにしないと、スラック変数の値をむやみに大きくすれば、いずれ実行可能となるため、役に立つ情報が得られず、緩和した意味がなくなってしまうためです。）

　また、実行不可能となる原因がどの制約条件であるかのみを知りたい場合には、原因の可能性がある制約条件すべてに対してスラック変数を導入し、目的関数を「スラック変数の値の総和の最小化」にした問題を解くという方法があります。（先ほどの例では、目的関数を $f(x) + ps$ ではなく、s とすることに相当します。）

　なお、スラック変数を導入しても実行可能ではなかった場合には、スラッ

ク変数を導入した制約条件は実行不可能の原因ではないということになります。このため、他の制約条件にスラック変数を導入してみることになります。

（13） スケールの改善

汎用最適化ソフトウェアでは、内部でさまざまな数値計算を行っています。このため、オーダー（大きさ）がかなり異なる数同士の演算を行ったことが原因で、振る舞いが不安定となる可能性もあります。当然、汎用最適化ソフトウェアの内部では計算の安定化を図るための対策が施されていますが、ユーザー側でスケーリングを行うことで安定化させることもできます。

ここでは、次の例をもとにスケーリングについて説明します。

［例］

以下の2つの制約条件が存在する場合についてスケーリングを行います。

$$x + 0.0008y + 0.0002z \leq 0.0005$$
$$10000x + y \leq 2$$

この例では、係数のオーダーがかなり異なっているため、できるだけ同じオーダー（できれば1程度）にしたほうが計算は安定します。そこで、$x' = 10000x$ として制約条件を x' を用いた表現に書き直します。すると、次のようになります。

［例（スケーリングの途中経過）］

$$0.0001x' + 0.0008y + 0.0002z \leq 0.0005$$
$$x' + y \leq 2$$

最初の制約条件について、両辺を10,000倍してもよいことから、最終的に

次のようになります。

[例のスケーリング結果]

$x' + 8y + 2z \leq 5$

$x' + y \leq 2$

ただし、$x' = 10000x$ である。

　スケーリングの結果を見ると、係数のオーダーが揃っていることがわかります。このため、汎用最適化ソフトウェアを用いた場合に、数値的に安定しやすくなります。（x の値を用いたい場合には、x' の値を最適化問題の解を得ることにより求めた後に、$x' = 10000x$ から計算することになります。）

　最後に、スケールのばらついた問題が現れるそもそもの原因として以下のものが考えられます。

・物理系を記述する単位が不適切もしくは揃っていない場合
・精度の異なる量を同一のモデルに組み込んだ場合

　これらについては、汎用最適化ソフトウェアのスケーリング機能に頼らずに、モデル作成の際に対応したほうがよい場合が多いといえます。

5 さまざまな最適化の適用事例

　本節では、典型的な最適化問題の適用事例を紹介します。なお、紹介の際には数式表現のほかに、最適化ソフトウェア NUOPT で用いられるモデリング言語 SIMPLE での記述例も示すことにします。

（1）　栄養問題

①　栄養問題とは

栄養問題とは、「できるだけ少ない費用で各栄養素を必要量摂取するためにはどの食材をどれだけ購入するとよいか」を決定する問題です。この栄養問題は典型的な線形計画問題となります。

②　栄養問題の数式表現

栄養問題の数式表現を行うことにします。まず、念のために、栄養問題を日本語で表現すると次のようになります。

[栄養問題の日本語表現]

　　最小化　　　　購入にかかった総費用
　　制約条件　　　各栄養素を必要量以上摂取する

この日本語表現をもとに数式表現を考えます。まず、最適化問題を解くためには、変数とデータがそれぞれ何であるかを明らかにしておく必要があります。栄養問題に関して、変数は「各食材の購入量」ということになります。また、データに関して、まず目的関数で用いるため「各食材の単位量あたりの価格」が必要です。また、制約条件に関連して、「各食材の単位量あたりの栄養量」と「各栄養素の必要摂取量」が必要といえます。

ここでは、変数とデータをそれぞれ次のように表します。なお、表現のために、「購入できる食材の集合」と「摂取すべき栄養素の集合」を導入しています。

[定義]

（集合）

　　購入できる食材の集合：F

　　摂取すべき栄養素の集合：N

（変数）

　　　食材 $i(i \in F)$ の購入量：x_i

（データ）

　　　食材 $i(i \in F)$ の単位量当たりの価格：c_i

　　　単位量の食材 $i(i \in F)$ に含まれる栄養素 $j(j \in N)$ の量：a_{ij}

　　　栄養素 $j(j \in N)$ の必要摂取量：m_j

　今定義したものを利用して、目的関数を数式表現します。購入にかかった総費用は、各食材にかかった費用の総和として表現できます。各食材にかかる費用は、$c_i x_i$ であるので、目的関数は $\displaystyle\sum_{i \in F} c_i x_i$ ということになります。

　次に、制約条件を数式表現します。ある栄養素 $j(j \in N)$ について考えると、摂取量は目的関数のときと同様の考え方により、$\displaystyle\sum_{i \in F} a_{ij} x_i$ となります。この摂取量が必要摂取量以上であればいいので、制約条件は $\displaystyle\sum_{i \in F} a_{ij} x_i \geq m_j$ ということになります。

　ただし、このままでは「ある食材を -100 購入する」というような現実的ではない解が得られてしまう可能性があります。これは「各食材は 0 以上購入できる（0 のときは購入しないと解釈する）」という暗黙の了解を数式表現していないために起こることです。汎用最適化ソフトウェアは、式が現実世界で持つ意味までは解釈しませんので、このような暗黙の了解も数式表現にする必要があります。よって、各食材 $i(i \in F)$ について、$x_i \geq 0$ という制約条件を課すことになります。

　以上のことから、栄養問題は次のように数式表現できます。

[栄養問題の数式表現]

最小化 $\displaystyle\sum_{i \in F} c_i x_i$

制約条件 $\displaystyle\sum_{i \in F} a_{ij} x_i \geq m_j \ (j \in F)$

$x_i \geq 0 \ (i \in F)$

③ 栄養問題の SIMPLE での表現

栄養問題をモデリング言語 SIMPLE で記述すると次のようになります。なお、NUOPT を用いて解く場合のデータファイルの例も掲載しておきます。

[モデルファイル]

// 集合の宣言

Set F;

Element i(set = F);

Set N;

Element j(set = N);

// データの宣言

Parameter c(name = "食材の価格", index = i);

Parameter a(name = "食材の栄養量", index = (i, j));

Parameter m(name = "栄養素の必要摂取量", index = j);

// 変数の宣言

Variable x(name = "食材の購入量", index = i);

// 目的関数の定義

Objective total_cost(name = "総費用", type = minimize);

total_cost = sum(c[i]*x[i], i);

// 制約条件

sum(a[i, j]*x[i], i) > = m[j];

x[i] > = 0;

[データファイル（.dat 形式）]

　栄養素の必要摂取量 =

　［ビタミン B1］1.1

　［カルシウム］600

　［鉄分］10.5

　［炭水化物］250;

　食材の価格 =

　［じゃがいも］180

　［しいたけ］200

　［かつお］390

　［ひらめ］450

　［たこ］280

　［牛肉］500

　［豚肉］300

　［わかめ］470;

[データファイル（.csv 形式）]

　食材の栄養量，ビタミン B1，カルシウム，鉄分，炭水化物

　じゃがいも，　　　　0.06，　　　　2，　0.4，　　16.8

　しいたけ，　　　　　0.10，　　　10，　0.3，　　　4.9

かつお,	0.13,	11,	1.9,	0.1
ひらめ,	0.08,	23,	0.1,	0.0
たこ,	0.03,	16,	0.6,	0.1
牛肉,	0.10,	4,	2.8,	0.3
豚肉,	0.98,	4,	1.1,	0.2
わかめ,	0.39,	780,	2.4,	41.3

（2）　輸送問題

①　輸送問題とは

　輸送問題は簡単にいえば、「複数ある供給地から複数ある需要地にどのように商品を輸送するとコスト（輸送費用）が最小となるか」を求める問題です。この際、当然、各需要地には必要量輸送されなければなりませんし、各供給地から供給できる量には限りがあることを考慮しなければなりません。なお、輸送問題はネットワークによって表現できる問題の一種と捉えることができます。

　最後に、問題の状況を図示すると**図表7－15**のようになります。輸送問題では、図中の各矢印に対応する輸送量を決定することになります。

②　輸送問題の数式表現

　ここでは、輸送問題の数式表現をしていきます。まず、先ほど述べた輸送問題を最適化問題の形式で日本語表現します。

[輸送問題の日本語表現]

　　最小化　　　総輸送費用

　　制約条件　　各需要地に必要量輸送する

　　　　　　　　各供給地について供給できる量に限りがある

　この日本語表現をもとに数式表現を考えます。まず、変数とデータがそれ

図表 7 −15　輸送問題の状況

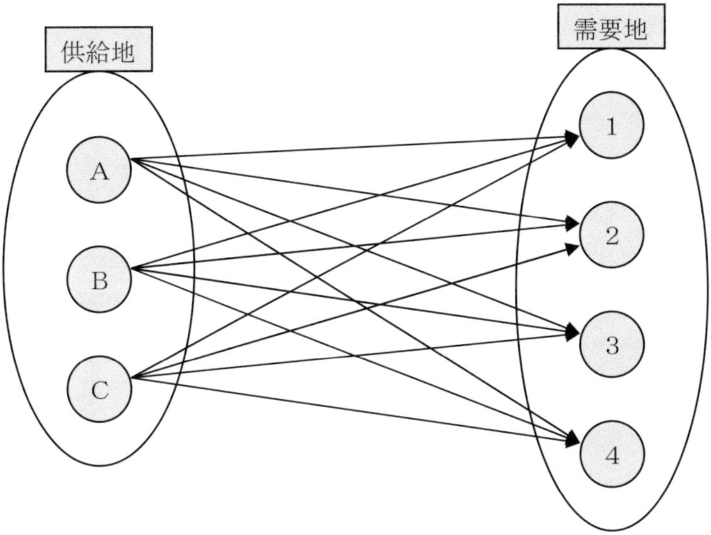

供給地

需要地

A

B

C

1

2

3

4

ぞれ何であるかを確認します。輸送問題に関して、変数は「各供給地から各需要地への輸送量」ということになります。また、データに関しては、まず目的関数で用いるため「各供給地から各需要地への単位量あたりの輸送費用」が必要です。また、制約条件に関連して「各需要地に対する商品の必要量」と「各供給地についての供給可能量」が必要です。

　ここでは、変数とデータをそれぞれ次のように表すことにします。なお、表現のため「需要地の集合」と「供給地の集合」を導入しています。

［定義］

　（集合）

　　　需要地の集合：D

　　　供給地の集合：S

　（変数）

　　　供給地 $i\,(i \in S)$ から需要地 $j\,(j \in D)$ への輸送量：x_{ij}

（データ）

　供給地 i から需要地 j への単位量あたりの輸送費用：c_{ij}

　需要地 $j(j \in D)$ に関する商品の必要量：a_j

　供給地 $i(i \in S)$ に関する商品の供給可能量：b_i

　今定義したものを利用して、目的関数を数式表現します。総輸送費用は、各供給地から各需要地への輸送費用の総和として表現できます。供給地 i から需要地 j へ商品を x_{ij} 輸送する際にかかる輸送費用は $c_{ij} x_{ij}$ であるので、目的関数は $\sum_{i \in S} \sum_{j \in D} c_{ij} x_{ij}$ ということになります。

　次に、「各需要地に必要量輸送する」という制約条件を数式表現します。ある需要地 $j(j \in D)$ について考えると、輸送されてくる商品の総量は $\sum_{i \in S} x_{ij}$ となります。この総量が必要量であればいいので、制約条件は $\sum_{i \in S} x_{ij} = a_j$ ということになります。

　「各供給地について供給できる量に限りがある」という制約条件に関して、ある供給地 $i(i \in S)$ から輸送する商品の総量は $\sum_{j \in D} x_{ij}$ となります。よって、この量が供給可能量以下である必要があるため、制約条件は $\sum_{j \in D} x_{ij} \leq b_i$ となります。

　ただし、「ある商品を -10 輸送する」というような答えを得ることがないように、「輸送量は 0 以上である」という制約条件 $x_{ij} \geq 0$ を課す必要があります。

　以上から、輸送問題は次のように数式表現できます。

```
┌─────────────────────────────────────────────────┐
│                                                 │
│  ［輸送問題の数式表現］                          │
│                                                 │
│                                                 │
│     最小化          $\sum_{i \in S} \sum_{j \in D} c_{ij} x_{ij}$ │
│                                                 │
│     制約条件        $\sum_{i \in S} x_{ij} = a_j$              │
│                                                 │
│                     $\sum_{j \in D} x_{ij} = b_i$              │
│                                                 │
│                     $x_{ij} \geq 0$                          │
│                                                 │
└─────────────────────────────────────────────────┘
```

③ **輸送問題の SIMPLE での表現**

輸送問題をモデリング言語 SIMPLE で記述すると次のようになります。
なお、NUOPT を用いて解く際のデータファイルの例も掲載しておきます。

［モデルファイル］

```
// 集合の宣言
Set S; // 供給地
Element i (set = S);
Set D; // 需要地
Element j (set = D);
// パラメータの宣言
Parameter c (name = "輸送費用", index = (i, j));
Parameter a (name = "必要量", index = j);
Parameter b (name = "供給可能量", index = i);
// 変数の宣言
Variable x (name = "輸送量", index = (i, j));
```

// 目的関数の定義

Objective z(name＝“総輸送費用”, type＝minimize);

z＝sum(c[i, j]*x[i, j], (i, j));

// 制約条件

sum(x[i, j], i)＝＝a[j];

sum(x[i, j], j)＜＝b[i];

x[i, j]＞＝0;

[データファイル（.dat 形式）]

必要量＝［需要地 1］20［需要地 2］65［需要地 3］70［需要地 4］45;

供給可能量＝［供給地 A］100［供給地 B］85［供給地 C］70;

[データファイル（.csv 形式）]

輸送費用,	需要地1,	需要地2,	需要地3,	需要地4
供給地 A,	10,	5,	7,	3
供給地 B,	6,	8,	5,	7
供給地 C,	7,	6,	8,	2

（3） ナップサック問題

① ナップサック問題とは

　ナップサック問題とは、「ナップサックに詰め込んだ品物の総価値を最大にするにはどれを何個詰め込むとよいか」を決定する問題です。ただし、ナップサックと各品物には容量が与えられており、「詰め込む品物の総容量がナップサックの容量を超えない」という条件が課される点に注意が必要です。また、「各品物について詰め込むことができるのは 1 個のみ」という条件も課す場合は、「0－1 ナップサック問題」と呼ばれます。

② ナップサック問題の数式表現

まず、ナップサック問題の数式表現をします。ナップサック問題を最適化問題の形式で日本語表現すると次のようになります。

[ナップサック問題の日本語表現]

　　最大化　　詰め込んだ品物の総価値

　　制約条件　詰め込む品物の総容量がナップサックの容量を超えない

　　　　　　　各品物について、詰め込まない、または1個（以上）詰め込む

次に、上記の日本語での表現を数式に置き換えていくことにします。このために、最初に問題の変数とデータはそれぞれ何であるかを明らかにします。まず、ナップサック問題は「どれを何個詰め込むとよいか」を決定する問題のため、「各品物を詰め込む個数」を変数（「個数」なので整数変数）とすべきです。（「ある品物について0個詰め込む」と「ある品物を詰め込まない」を対応させます。）

また、データについては、「目的関数で用いる価値に関するデータ」と「制約条件で用いる容量に関するデータ」が必要であることがわかります。ここでは、変数とデータをそれぞれ次のように表します。なお、表現のために「詰め込むことのできる品物の集合」を導入しています。

[定義]

　（集合）

　　　詰め込むことのできる品物の集合：S

　（整数変数）

　　　品物 $i(i \in S)$ を詰め込む個数：z_i

　（データ）

品物 $i (i \in S)$ の価値：v_i

品物 $i (i \in S)$ の容量：c_i

ナップサックの容量：$Cmax$

このように定義すると、目的関数と制約条件は数式で表現することができます。まず、目的関数については、品物 $i (i \in S)$ を z_i 個詰め込んだときの価値は $v_i z_i$ となることから、総価値は $\sum_{i \in S} v_i z_i$ となります。また、容量に関する制約条件に関して、目的関数のときと同様に考えると、総容量は $\sum_{i \in S} c_i z_i$ となることから、$\sum_{i \in S} c_i z_i \leq Cmax$ と表現できます。

ただし、詰め込む個数に関する制約条件に関しては、各品物 $i (i \in S)$ について $z_i \geq 0$ と表現すればよいことになります。

以上から、ナップサック問題は次のように数式表現できます。

[ナップサック問題の数式表現]

最大化 $\qquad \sum_{i \in S} v_i z_i$

制約条件 $\qquad \sum_{i \in S} c_i z_i \leq Cmax$

$\qquad z_i \geq 0 (i \in S)$

③ ナップサック問題の SIMPLE での表現

ナップサック問題をモデリング言語 SIMPLE で記述すると次のようになります。なお、NUOPT を用いて解く際のデータファイルの例も掲載しています。

[モデルファイル]

// 品物の集合の宣言

Set S;

Element i(set = S);

// データの宣言

Parameter v(name = "品物の価値", index = i);

Parameter c(name = "品物の容量", index = i);

Parameter Cmax(name = "ナップサックの容量");

// 整数変数の宣言

IntegerVariable z(name = "詰め込む個数", index = i);

// 目的関数の定義

Objective total_value(name = "総価値", type = maximize);

total_value = sum(v[i]*z[i], i);

// 制約条件

sum(c[i]*z[i], i) < = Cmax;

z[i] > = 0;

[データファイル（.dat 形式）]

品物の価値 =

$\quad$ [缶コーヒー] 120 $\quad$ [お茶] 130 $\quad$ [バナナ] 80

$\quad$ [りんご] 100 $\quad$ [おにぎり] 250 $\quad$ [パン] 185;

品物の容量 =

$\quad$ [缶コーヒー] 10 $\quad$ [お茶] 12 $\quad$ [バナナ] 7

$\quad$ [りんご] 9 $\quad$ [おにぎり] 21 $\quad$ [パン] 16;

ナップサックの容量 = 65;

（4） 多品種流問題

① 多品種流問題とは

　あるネットワーク上にさまざまなものを流す状況を考えてみます。多品種流問題は、どのような経路でものを流すとある基準に対して最も良い結果となるのかを求める問題のことです。なお、良さを表す基準の例としては、「流す際にかかる総コスト」や「ネットワーク上を流すことができる総量」などがあります。多品種流問題は、通信の分野などで応用されています。

② 多品種流問題の数式表現

　ここでは、良さを表す基準として、「流す際にかかる総コスト」を採用した次の例をもとに多品種流問題の数式表現を説明します。

[例]

　ある企業では、商品１を毎日10kg工場Ｘから店Ｔに、商品２を毎日14kg工場Ｙから店Ｕに納めています。この際、次の図のようにいくつかの問屋を経由しています。

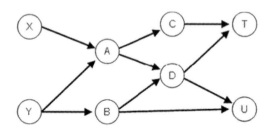

　このとき、決められた量を納める際にかかる総輸送費用を最小にするためには、どのように輸送するとよいか？なお、２点間の1kgあたりの輸送費用および輸送可能量（２つの製品の合計輸送量の上限）は、以下のとおりです。

始点	終点	商品 1 の輸送費用	商品 2 の輸送費用	輸送可能量 (kg)
A	C	23	0	7
A	D	18	22	20
B	D	0	17	10
B	U	0	40	5
C	T	15	0	6
D	T	14	0	10
D	U	0	20	10
X	A	50	0	25
Y	A	0	45	12
Y	B	0	55	10

　まず、問題の変数は、各商品のある点から別の点への輸送量です。また、データとしては、輸送費用と輸送可能量および「輸送に関する情報」があります。ここで、「輸送に関する情報」には、輸送の際の始点と終点および輸送する必要がある量がありますが、詳細は数式表現をしながら説明します。以上から、変数等を次のように表します。なお、表現のため、「点の集合」と「商品の集合」を導入しています。

[定義]
　(集合)
　　　点の集合：S
　　　商品の集合：P
　(変数)
　　　商品 $k(k \in P)$ の点 $i(i \in S)$ から点 $j(j \in S)$ への輸送量：x_{ijk}
　(データ)

商品 $k(k \in P)$ の点 $i(i \in S)$ から点 $j(j \in S)$ への輸送費用：c_{ijk}

点 $i(i \in S)$ から点 $j(j \in S)$ への輸送可能量：u_{ij}

輸送に関する情報：別途記述

　このように定義すると、目的関数と制約条件は、数式で表現することができます。

　目的関数について、商品 $k(k \in P)$ を点 $i(i \in S)$ から点 $j(j \in S)$ 輸送する際にかかった費用は、$c_{ijk} \, x_{ijk}$ となることから、総輸送費用は $\displaystyle\sum_{i \in S} \sum_{j \in S} \sum_{k \in P} c_{ijk} x_{ijk}$ と表現できます。

　制約条件について、負の量を輸送することはないので、$x_{ijk} \geq 0$ が必要となります。

　次に、輸送可能量に関して、点 $i(i \in S)$ から点 $j(j \in S)$ への輸送量は $\displaystyle\sum_{k \in P} x_{ijk}$ となることを利用し、$\displaystyle\sum_{k \in P} x_{ijk} \leq u_{ij}$ という制約条件を課します。

　最後に、商品の流れを保存則として表現する必要があります。ある点 $m(m \in S)$ について、商品 $k(k \in P)$ が輸送されてくる量は $\displaystyle\sum_{i \in S} x_{imk}$ で、商品 $k(k \in P)$ を発送する量は $\displaystyle\sum_{j \in S} x_{mjk}$ で表現できます。よって、ネットワークの中間にある問屋については、この2つの量は一致することになるので（問屋に商品を残すような場合には、問屋に運ぶまでの輸送費用がかかることになります。このため、総輸送費用を最小にするという観点からは最適であるとは言えません。一方で、輸送されてきていない架空の商品を発送するわけにもいきません。このため、一致することになります）、$\displaystyle\sum_{i \in S} x_{imk} - \sum_{j \in S} x_{mjk} = 0$ となります。

一方で、各工場に関しても同様に考えると、$\displaystyle\sum_{i\in S} x_{imk} - \sum_{j\in S} x_{mjk} = -$（商品 k の必要量）となり、各店についても同様に考えると、$\displaystyle\sum_{i\in S} x_{imk} - \sum_{j\in S} x_{mjk} =$（商品 k の必要量）となります。

以上のように保存則に関しては、点の種類により $\displaystyle\sum_{i\in S} x_{imk} - \sum_{j\in S} x_{mjk}$ の値が異なってきます。

モデルを記述する中で、点の種類による場合わけをすることも可能ですが、ここではデータのほうで制御を行うことにします。具体的には、次のデータを用意します。なお、このデータは、「輸送に関する情報」に相当します。

[定義]

（データ）

　　点 i での商品 $k(k\in P)$ の輸送に関する情報：f_{ik}

　　なお、f_{ik} の値に関して

　　　・点 i が商品 k の工場である場合：$-$（商品 k の必要量）

　　　・点 i が商品 k を届ける店である場合：（商品 k の必要量）

　　　・点 i が問屋である場合：0

---

f_{ik} を利用すると、制約条件は $\displaystyle\sum_{i\in S} x_{imk} - \sum_{j\in S} x_{mjk} = f_{mk}$ となります。

以上のことから、例は次のように数式表現できます。

最小化　　　　$\displaystyle\sum_{i\in S}\sum_{j\in S}\sum_{k\in S} c_{ijk}\, x_{ijk}$

制約条件　　　$\displaystyle\sum_{k\in P} x_{ijk} \leq u_{ij}$

　　　　　　　$\displaystyle\sum_{i\in S} x_{imk} - \sum_{j\in S} x_{mjk} = f_{mk}$

　　　　$x_{ijk}\geq 0$

③　例の SIMPLE での表現

多品種流問題の例をモデリング言語 SIMPLE で記述すると次のようになります。なお、NUOPT を用いて解く際のデータファイルの例も掲載しておきます。

[モデルファイル]

```
// 集合の宣言
Set S;
Element i (set = S), j (set = S), m (set = S);
Set P;
Element k (set = P);
// 変数の宣言
Variable x (index = (i, j, k));
// パラメータの宣言
Parameter c (name = "輸送費用", index = (i, j, k));
Parameter u (name = "輸送可能量", index = (i, j));
```

Parameter f(name = "f", index = (i, k));

// 目的関数の定義

Objective total_cost(name = "総輸送費用", type = minimize);

total_cost = sum(c[i, j, k] * x[i, j, k], (i, j, k));

// 制約条件

sum(x[i, j, k], k) < = u[i, j];

sum(x[i, m, k], i) - sum(x[m, j, k], j) = = f[m, k];

x[i, j, k] > = 0;

[データファイル（.csv 形式）1]

輸送費用,	j,	商品1,	商品2
A,	C,	23,	0
A,	D,	18,	22
B,	D,	0,	17
B,	U,	0,	40
C,	T,	15,	0
D,	T,	14,	0
D,	U,	0,	20
X,	A,	50,	0
Y,	A,	0,	45
Y,	B,	0,	55

[データファイル（.csv 形式）2]

輸送可能量,	A,	B,	C,	D,	T,	U,	X,	Y
A,	0,	0,	7,	20,	0,	0,	0,	0
B,	0,	0,	0,	10,	0,	5,	0,	0
C,	0,	0,	0,	0,	6,	0,	0,	0

D,	0,	0,	0,	0,	10,	10,	0,	0
T,	0,	0,	0,	0,	0,	0,	0,	0
U,	0,	0,	0,	0,	0,	0,	0,	0
X,	25,	0,	0,	0,	0,	0,	0,	0
Y,	12,	10,	0,	0,	0,	0,	0,	0

[データファイル（.csv 形式）3]

f,	商品 1,	商品 2
A,	0,	0
B,	0,	0
C,	0,	0
D,	0,	0
T,	10,	0
U,	0,	14
X,	-10,	0
Y,	0,	-14

（5）　割当問題

①　割当問題とは

　割当問題とは、「ある集合 A の各要素を、別の集合 B のどの要素に割当てるとよいか」を決定する問題です。割当問題は、マス目を埋める問題と捉えることもできます。たとえば、集合 A・集合 B および割当が次の**図表 7 － 16**のようになっているものとします。

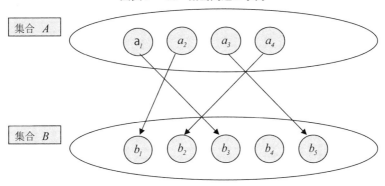

図表 7 － 16　割当問題の事例

このとき、割当についてマス目を埋めたイメージで表すと次のようになります。

	a_1	a_2	a_3	a_4
b_1		○		
b_2				○
b_3	○			
b_4				
b_5			○	

　割当問題は、マスを埋める際のルールを制約条件として与えることによって、個々の問題への対応が可能です。なお、割当問題は人員や施設の配置や配車計画などにも利用されます。

②　単純な割当問題

　ここでは、次の単純な問題を例に、割当問題の基本的な数式表現を説明します。

[例]

　4×4のマス目に石を置きたい。ただし、各列・各行に関して置かれている石の数が2個になるようにしたい。このときどのように石を置くとよいか？

　まず、問題を表現するために、マス目の列・行について次のように名前をつけます。

	1	2	3	4
1				
2				
3				
4				

　この例では、各マス目に石を置くか置かないかを決定したいので、石を置く場合には1、置かない場合には0を取るような0-1変数xを用意して、次のように対応させます。

	1	2	3	4
1	x_{11}	x_{12}	x_{13}	x_{14}
2	x_{21}	x_{22}	x_{23}	x_{24}
3	x_{31}	x_{32}	x_{33}	x_{34}
4	x_{41}	x_{42}	x_{43}	x_{44}

　次に、目的関数・制約条件について考えます。まず、この例では条件を満たすような石の置き方の中での優劣はないため、目的関数は存在しないこと

がわかります。また、制約条件については、「各列・各行に関して置かれている石の数が2個になること」です。たとえば列1について取り上げると、次の図中で囲った部分に、何個石が置かれているかを表現する必要があります。

	1	2	3	4
1	x_{11}	x_{12}	x_{13}	x_{14}
2	x_{21}	x_{22}	x_{23}	x_{24}
3	x_{31}	x_{32}	x_{33}	x_{34}
4	x_{41}	x_{42}	x_{43}	x_{44}

　これは、0-1変数の定義の仕方から $x_{11}+x_{21}+x_{31}+x_{41}$ で表現できます。置かれる石の個数が2個になればいいので、列1に対応する制約条件は $x_{11}+x_{21}+x_{31}+x_{41}=2$ となります。なお、他の列に対しても同様に制約条件を記述できます。また、行に関しても同様に制約条件を記述できるため、たとえば行2に対応する制約条件は $x_{21}+x_{22}+x_{23}+x_{24}=2$ となります。

　以上をまとめると、この例は次のように表現できます。

[例の数式表現]

目的関数　　（なし）

制約条件　　$\displaystyle\sum_{i\in I}x_{ij}=2$　（$j\in J$）：各列について石を2個置く

　　　　　　$\displaystyle\sum_{j\in J}x_{ij}=2$　（$i\in I$）：各行について石を2個置く

　ただし、$I=\{1,2,3,4\}$ は行に関する集合、$J=\{1,2,3,4\}$ は列に関する集合です。また、x_{ij} は行 i・列 j に石を置くとき1、置かないとき0を

取るような 0−1 変数です。

最後に、この例の SIMPLE での表現は次のとおりとなります。

　[モデルファイル]

```
Set I = "1234";
Set J = "1234";
Element i (set = I);
Element j (set = J);
IntegerVariable x (type = binary, index = (i, j));
sum (x [i, j], i) = = 2;
sum (x [i, j], j) = = 2;
```

（6）　施設配置問題

①　施設配置問題とは

施設配置問題とは、どこに施設を配置するとよいかを決定する問題です。この場合、通常、施設の利用可能人数などを考慮する必要があります。ここでは、施設配置問題の中から p メディアン問題を取り上げます。

②　p メディアン問題とは

まず、メディアンとは需要を有する地点（以降「需要点」と呼ぶ）から施設を配置した地点（以降「施設点」と呼ぶ）への移動距離の総和を最小にする点のことです。また、メディアンを求める問題のことを「メディアン問題」と呼びます。

なお、一般には、どの程度の需要があるかは需要点ごとに異なるため、重み付きの総移動距離を最小にすることになります。また、施設を 1 か所ではなく、p か所に配置するような場合には「p メディアン問題」と呼びます。

③ ｐメディアン問題の例

ここでは、次の例をもとにｐメディアン問題の数式表現を考えます。

[例]

　ある企業は、Ａ市からＦ市までの6市の中から2つの市に新規出店しようと考えています。このとき、出店地までの総移動距離を最小にするためにはどの市に出店するとよいでしょうか？

　ただし、市ごとに住民はすべて同じ店に行くものとします。また、総移動距離に関して人口を重みとして考慮します。

　なお、各市の人口および各市間の距離は以下のとおりとします。

[各市の人口]

市	人口
Ａ市	800
Ｂ市	550
Ｃ市	780
Ｄ市	600
Ｅ市	1020
Ｆ市	360

[各市間の距離]

	Ａ市	Ｂ市	Ｃ市	Ｄ市	Ｅ市	Ｆ市
Ａ市	0	7	2	13	19	17
Ｂ市	7	0	8	6	12	10
Ｃ市	2	8	0	14	20	18
Ｄ市	13	6	14	0	7	4
Ｅ市	19	12	20	7	0	3
Ｆ市	17	10	18	4	3	0

まず、この例ではすべての市が需要点であり、施設点の候補でもあることに注意しておきます。また、以降の説明のため、市の集合を C と定義します。

　次に、何を変数にするのかを検討します。単純に考えると、ある市 $i\,(i \in C)$ に出店する場合には 1、出店しない場合には 0 をとるような $0-1$ 変数を取ることになります。しかし、これでは目的関数を考慮する際に、「各市について出店する 2 つの店のうちどちらに行くほうが近いのか」を表現する必要があり、問題が複雑になってしまいます。そこで、ある市 $i\,(i \in C)$ の住民がある市 $j\,(j \in C)$ に店に行くことになる場合 1、そうでない場合に 0 をとるような $0-1$ 変数を導入します。このように各市（需要点）の住民を出店地（施設点）に割当てるという見方をすることで、以下に示すように問題の表現が簡潔になります。

　データに関しては、例の中で与えられているように、人口と 2 市間の距離です。

　ここで、これまで述べた変数とデータを以下にまとめます。

[定義]

　（集合）

　　　市の集合：C

　（$0-1$ 変数）

　　　市 $i\,(i \in C)$ の住民が市 $j\,(j \in C)$ にある店に行くことになるか：x_{ij}

　（データ）

　　　市 $i\,(i \in C)$ の人口：p_i

　　　市 $i\,(i \in C)$ と市 $j\,(j \in C)$ の距離：d_{ij}

　この定義をもとに、制約条件を数式表現します。まず、例にある文章から「2 市に出店する」という制約条件が必要といえます。

この際、どの市に出店するのかの情報を変数 x_{ij} から取得できないかを考えます。すると、$x_{ii}=1$ の場合（市 i（$i \in C$）の住民が同じ市内の店に行く場合）に市 i に出店するものといえます。（総移動距離を最小にするという観点でみると、他の市にある店に行くより同じ市内の店に行くほうが有利であるためです。）よって、$\sum_{i \in C} x_{ii}=2$ とすることで「2 市に出店する」という制約条件を表現できます。

次に、「市ごとに住民はすべて同じ店に行く」ということを表現します。これは市 i（$i \in C$）の住民が行くことができる店の数は $\sum_{j \in C} x_{ij}$ で表現できることを利用し、$\sum_{j \in C} x_{ij}=1$ という制約条件を課すことになります。

ただし、このままでは「出店していない市にある店（そのような店は存在しない）に住民が行く」という状況を排除していません。このため、$x_{ij} \leq x_{jj}$ という制約条件を課すことにします。こうすることで、$x_{jj}=0$（市 j（$j \in C$）に出店しない）の場合には $x_{ij}=0$ となり、先ほど述べた状況が排除できることがわかります。

なお、$i=j$ の場合については、$x_{ii} \leq x_{ii}$ という意味のない制約条件となるため、課す必要のない点に注意しておきます。

目的関数について、市 i（$i \in C$）に関する人口を考慮した移動距離は $p_i \sum_{j \in C} d_{ij} x_{ij}$ となります。よって、総移動距離は $\sum_{i \in C} p_i \sum_{j \in C} d_{ij} x_{ij}$ となります。

以上をまとめると、例は次のように数式表現できます。

④　pメディアン問題の例の SIMPLE での表現

pメディアン問題の例をモデリング言語 SIMPLE で記述すると次のように
なります。なお、目的関数の定義の際に、この例では必ず $d_{ij}\,x_{ij}=0$ となるこ
とを考慮しています。

また、NUOPT を用いて解く際のデータファイルの例も掲載しておきます。

［モデルファイル］

// 都市の集合の宣言

Set C;

Element i (set = C), j (set = C);

// パラメータの宣言

Parameter d (name = "2市間の距離", index = (i, j));

Parameter p (name = "市の人口", index = i);

// 変数の宣言

IntegerVariable x (index = (i, j), type = binary);

// 目的関数の定義

Objective total_

distance(name = "総移動距離", type = minimize);

total_distance = sum(p[i]*sum(d[i,j]*x[i,j], (j, i! = j)), i);

// 制約条件

sum(x[i,i], i) == 2;

sum(x[i,j], j) == 1;

x[i,j] <= x[j,j], i! = j;

[データファイル（.dat 形式）]

市の人口 = ["A"] 800 ["B"] 550 ["C"] 780 ["D"] 600
　　　　　 ["E"] 1020 ["F"] 360;

[データファイル（.csv 形式）]

2市間の距離, A, B, C, D, E, F

	A	B	C	D	E	F
A,	0,	7,	2,	13,	19,	17
B,	7,	0,	8,	6,	12,	10
C,	2,	8,	0,	14,	20,	18
D,	13,	6,	14,	0,	7,	4
E,	19,	12,	20,	7,	0,	3
F,	17,	10,	18,	4,	3,	0

⑤　レコメンデーション

　レコメンデーションとは、コンテンツ（商品・広告・仕事など）を対象物（顧客・メディアなど）のどれかに割当て提供することをいいます。この際、「予算内に収める」や「効果を最大にする」等を考慮しようとすると、割当問題を解くことになります。

　ここでは、次の例をもとに数式表現を説明します。

[例]

　ある企業は、3個の商品 A, B, C の広告を行おうとしています。ここで、商品の広告方法には新聞・雑誌1・雑誌2・テレビ1・テレビ2・テレビ3の6種類があり、各広告方法について以下のデータが与えられているものとします。

　　・利用する際にかかる費用

　　・各商品を広告した際に得られる効果

　なお、各広告方法で宣伝できる商品は各々1つであり、2つ以上の商品を宣伝はできません。

　また、予算については以下の制限があります。

　　・各商品に利用できる予算には限りがある

　　・3商品の合計で利用できる予算には限りがある

　以上の状況の中で、予算内で得られる効果を最大にするためにはどのように広告するとよいでしょうか?

　まず、この例の変数とデータを決定します。この例は「各商品について広告方法への割当て方を決定する問題」と見ることができます。よって、次のマス目を埋めるというイメージで変数を立てます。ここでは各マス目について埋める場合1、そうでない場合0を取るような0-1変数を用意します。

	商品 A	商品 B	商品 C
新聞			
雑誌1			
雑誌2			
テレビ1			
テレビ2			
テレビ3			

データについては、例の文章から次の4種類があることがわかります。

・各広告方法を利用する際にかかる費用

・広告方法ごとの各商品を広告した際に得られる効果

・各商品に対する予算上限

・全体での予算上限

ここで、これまでの内容をもとに述べた変数とデータについてまとめておきます。

[定義]

（集合）

　　　商品の集合：P

　　　広告方法の集合：M

（0-1変数）

　　　商品 i $(i \in P)$ を広告方法 j $(j \in M)$ で宣伝するか：x_{ij}

（データ）

　　　広告方法 j $(j \in M)$ を利用する際にかかる費用：c_j

　　　商品 i $(i \in P)$ を広告方法 j $(j \in M)$ で宣伝した際の効果：g_{ij}

　　　商品 i $(i \in P)$ に関する予算上限：u_i

　　　全体での予算上限：tu

この定義をもとに、制約条件を数式表現していきます。まず、例の文章をもとに目的関数と制約条件を日本語表現すると次のようになります。

[例の日本語表現]

　最大化　　　広告により得られる効果の総量

　制約条件　　各広告方法で宣伝できる商品は各々1つ

　　　　　　　各商品に関する予算を守る

全体での予算を守る

上記それぞれについて数式表現を検討します。まず、目的関数について、商品 $i(i \in P)$ に対して得ることができる効果は $\sum_{j \in M} g_{ij} x_{ij}$ であることから、全体で得られる効果は $\sum_{i \in P} \sum_{j \in M} g_{ij} x_{ij}$ と表現できます。

「各広告方法で宣伝できる商品は各々1つ」という制約条件に関して、マス目のイメージをもとにすると、各行について○をつける数が1個以下であることを数式表現するとよいでしょう。各行について○をつける数は $\sum_{i \in P} x_{ij}$ で表現できるので、制約条件としては $\sum_{i \in P} x_{ij} \leq 1$ となります。

「各商品に関する予算を守る」に関して、商品 $i(i \in P)$ に対してかかる費用は $\sum_{j \in M} c_j x_{ij}$ であることから、制約条件は $\sum_{j \in M} c_j x_{ij} \leq u_i$ と表現できます。

「全体での予算を守る」という制約条件に関して、先ほど述べたように商品 $i(i \in P)$ に対してかかる費用は $\sum_{j \in M} c_j x_{ij}$ であることを利用して、$\sum_{i \in P} \sum_{j \in M} c_j x_{ij} \leq tu$ と表現します。

以上より、この例は次のように数式表現できます。

［例の数式表現］

最大化　　$\sum_{i \in P} \sum_{j \in M} g_{ij} x_{ij}$

$$\text{制約条件} \quad \sum_{i \in P} x_{ij} \leq 1 \quad (j \in M)$$

$$\sum_{j \in M} c_j x_{ij} \leq u_i \quad (i \in P)$$

$$\sum_{i \in P} \sum_{j \in M} c_j x_{ij} \leq tu$$

⑥ 例の SIMPLE での表現

例をモデリング言語 SIMPLE で記述すると次のようになります。なお、NUOPT を用いて解く際のデータファイルの例も掲載しておきます。

[モデルファイル]

```
// 集合の宣言
Set P;
Element i(set = P);
Set M;
Element j(set = M);
// パラメータの宣言
Parameter c(name = "広告費用", index = j);
Parameter g(name = "広告効果", index = (i, j));
Parameter u(name = "予算上限", index = i);
Parameter tu(name = "総予算上限");
// 変数の宣言
IntegerVariable x(type = binary, index = (i, j));
// 目的関数の定義
Objective obj(type = maximize);
obj = sum(g[i, j] * x[i, j], (i, j));
```

// 制約条件

$sum(x[i,j], i) <= 1;$

$sum(c[j] * x[i,j], j) <= u[i];$

$sum(c[j] * x[i,j], (i,j)) <= tu;$

[データファイル（.dat 形式）]

広告費用 ＝［新聞］80［雑誌 1］65［雑誌 2］55［テレビ 1］100

［テレビ 2］90［テレビ 3］85;

予算上限 ＝［商品 1］110［商品 2］100［商品 3］150;

総予算上限 ＝ 300;

[データファイル（.csv 形式）]

広告効果,	新聞,	雑誌 1,	雑誌 2,	テレビ 1,	テレビ 2,	テレビ 3
商品 1,	30,	25,	22,	45,	50,	55
商品 2,	50,	45,	37,	28,	57,	38
商品 3,	41,	27,	33,	60,	46,	51

（7） 最小二乗問題

① 最小二乗問題とは

　最小二乗問題は、工学や科学で利用される基本的な問題です。典型的な利用例としては、実験の結果得られたデータのモデル曲線への当てはめがあります。一般に、各観測点におけるデータ値とモデル関数との間には誤差が生じますが、「各観測点における誤差の二乗和を最小にする」という基準を採用し、なるべくよい曲線に当てはめようとする際に、最小二乗問題を解くことになります。

② 最小二乗問題の数式表現

　ここでは、最小二乗問題の数式表現をしていきます。まず、最小二乗問題

を最適化問題の形式で日本語表現すると次のようになります。

[最小二乗問題の日本語表現]

　　最小化　　各観測点における誤差の二乗和

　次に、上記の日本語での表現を数式に置き換えることにします。このために、最初に問題の変数とデータはそれぞれ何であるかを示しておきます。まず、問題の変数はモデル関数のパラメータということになります。ここでは、一般的な形で表すため t 個のパラメータ α_1、$\cdots$、α_t を含むモデル関数を $f(x; \alpha_1, \cdots, \alpha_t)$ と表します。たとえば、モデル関数が二次関数の場合、$f(x; \alpha_1, \alpha_2, \alpha_3) = \alpha_1 x^2 + \alpha_2 x + \alpha_3$ と書き、α_1、α_2、α_3 の 3 つが変数ということになります。また、データについては「各観測点におけるデータ値」ということになります。ここでは、変数とデータをそれぞれ次のように表します。なお、表現のため「観測点の集合」を導入しています。

[定義]

　（集合）

　　　観測点の集合：S

　（変数）

　　　モデル関数のパラメータ：$\alpha_1, \cdots, \alpha_t$

　（データ）

　　　観測点 i $(i \in S)$ でのデータ値：y_i

　次に、目的関数を数式で表現していきます。目的関数について、まず各観測点における誤差を表現します。ある観測点 i $(i \in S)$ におけるデータ値は、y_i、モデル関数値は $f(x_i; \alpha_1, \cdots, \alpha_t)$ であるので、誤差は $f(x_i; \alpha_1, \cdots, \alpha_t) - y_i$ と

なります。目的関数は誤差の二乗和なので、$\sum_{i \in S} (f(x_i ; \alpha_1, \cdots, \alpha_t) - y_i)^2$ ということになります。

以上のことから、最小二乗問題は次のように数式表現できます。

[最小二乗問題の数式表現]

最小化 　　　$\sum_{i \in S} (f(x_i ; \alpha_1, \cdots, \alpha_t) - y_i)^2$

---

③　最小二乗問題の SIMPLE での表現

最小二乗問題をモデリング言語 SIMPLE で記述すると次のようになります。なお、NUOPT を用いて解く際のデータファイルの例も掲載してあります。また、ここではモデル関数が二次関数 $f(x; \alpha_1, \alpha_2, \alpha_3) = \alpha_1 x^2 + \alpha_2 x + \alpha_3$ であるものとして、データファイルについては、各行について x が1列目の値の時のデータ値が2列目に記載されているものとします。

[モデルファイル]

```
// 観測点の集合の宣言
Set ObservePoint;
Element i (set = ObservePoint);
// 観測値をパラメータとして宣言
Parameter y (index = i);
// 変数の宣言
Set T = "123";
Element t (set = T);
Variable alpha (index = t);
// 誤差を Expression を用いて表現する
```

Expression e(index = i);

e[i] = alpha[1]*i*i + alpha[2]*i + alpha[3]-y[i];

// 誤差の二乗和の最小化

Objective err(type = minimize);

err = sum(e[i]*e[i], i);

[データファイル（.csv 形式）]

i ,	y
0.5，	1.22470
1.0，	0.87334
1.5，	0.99577
2.0，	1.34215
2.5，	2.12172
3.0，	3.22933
3.5，	4.44744
4.0，	6.13509
4.5，	8.14697
5.0，	10.50759

（8）　ポートフォリオ最適化問題

①　ポートフォリオ最適化問題とは

　ポートフォリオ最適化問題とは、資家にとって最適なポートフォリオ（金融商品の組み合わせ）を求める問題のことです。一般的には、「期待収益率が一定値以上であるという条件の下でリスクを最小にするような投資比率を求める問題」となります。なお、リスクの尺度としては、「分散」「絶対偏差」「下方部分積率」「CVaR」などがあげられます。本項では、今あげた4種類のリスク尺度について、それぞれ数式表現を説明します。

ここで、本項では空売り（投資対象の現物を持たず（あるいは持っていてもそれを用いず）に売却を行うことをいいます）を禁止するものとして、数式表現を行うものとします。また、本項で用いるデータ等の定義を以下に行っておきます。（ただし、ここで定義している「サンプル」とは、具体的には期間などのことです。）

［定義］

（集合）

投資対象の集合：A

サンプルの集合：S

（変数）

投資対象 j の投資比率：$x_j\ (j \in A)$

（データ）

サンプル $t\ (t \in S)$ における投資対象 $j\ (j \in A)$ の収益率：r_{tj}

投資対象 $j\ (j \in A)$ の期待収益率：$\bar{r}_j = \displaystyle\sum_{t \in S} \frac{r_{tj}}{T}$

ただし、T はサンプル数を表します。

---

②　分散をリスク尺度とするケース

　分散をリスク尺度とする場合、ここではリスクを最小化したいので目的関数（最小化するもの）は分散となります。また、制約条件について、本項の最初で述べた空売りの禁止があります。さらに、投資比率が変数となっているので、投資比率の総和が1となるようにすることになります。以上から、問題を次のように日本語で表現します。

［ポートフォリオ最適化問題（リスク尺度：分散）の日本語表現］

最小化　　　分散（リスク尺度）

制約条件　　　投資比率の総和は 1

空売りは禁止

　この日本語表現を数式で表現することになりますが、まずは制約条件から考えていきましょう。「投資比率の総和は 1」という制約条件に関しては、

投資比率の総和は $\sum_{j \in A} x_j$ で表現できることから $\sum_{j \in A} x_j = 1$ とします。

　「空売りは禁止」という制約条件に関しては、$x_j \geq 0\ (j \in A)$ とし、負の投資比率を取らないようにすることで表現できます。

　目的関数である分散（リスク尺度）について、投資対象に関する分散および投資対象間の共分散を用意することで、次のように表現できます。

分散（リスク尺度）：$\sum_{j \in A} \sigma_j{}^2 x_j{}^2 + \sum_{i \in A} \sum_{j \in A,\, i \neq j} \sigma_{ij} x_i x_j$

ただし、

投資対象 $j\,(j \in A)$ の分散：

$$\sigma_j^2 = \frac{1}{T} \sum_{t \in S} (r_{tj} - \bar{r}_j)^2$$

投資対象 $i\,(i \in A)$ と $j\,(j \in A)$ の間の共分散：

$$\sigma_{ij} = \frac{1}{T} \sum_{t \in S} (r_{ti} - \bar{r}_i)(r_{tj} - \bar{r}_j)$$

とします。（ただし、$\sigma_j^2 = \sigma_{jj}$ という関係があります。）

以上より、問題は次のように表現できます。

[ポートフォリオ最適化問題（リスク尺度：分散）の数式表現 1]

最小化　　　　$\sum_{j \in A} \sigma_j{}^2 x_j{}^2 + \sum_{i \in A} \sum_{j \in A,\, i \neq j} \sigma_{ij} x_i x_j$

制約条件　$\displaystyle\sum_{j \in A} x_j = 1$

$x_j \geq 0 \quad (j \in A)$

なお、σ_j^2 と σ_{ij} はデータとして与えることになります。

　しかし、上記の表現では、投資対象に関する分散および投資対象間の共分散を用意しなければならないために、データ作成の手間がかかることになります。また、元の収益率に関するデータ r_{ij} は（サンプル数）×（投資対象数）個の要素で成り立っていたのに対して、上記の表現で与えることになる分散・共分散のデータは、（投資対象数）×（投資対象数）個の要素からなります。よって、投資対象数がサンプル数に比べ非常に大きいケースでは最適化問題を解く際の計算効率という面で問題があります。

　ここで、投資対象数がサンプル数に比べて非常に大きいケースで有効な「コンパクト分解」という手法を解説します。

　コンパクト分解により表現するために、サンプル t $(t \in S)$ におけるポートフォリオの収益率を次のように計算します。

$$r_t = \sum_{j \in A} r_{tj} x_j \quad (t \in S)$$

　次に、ポートフォリオを1つの投資対象とみなして、その期待収益率と収益率の分散を次のように求めます。

　（式変形により、$\sigma_p^2 = \displaystyle\sum_{j \in A} \sigma_j^2 x_j^2 + \sum_{i \in A}\sum_{j \in A, i \neq j} \sigma_{ij} x_i x_j$ となることがわかるため、コンパクト分解を用いない場合と同じ答えが得られることが期待できます。）

　　ポートフォリオの期待収益率：$\bar{r}_p = \displaystyle\sum_{t \in S} \frac{r_t}{T}$

収益率の分散：$\sigma_p^2 = \dfrac{1}{T}\sum_{t\in S}(r_t - \bar{r}_p)^2 = \dfrac{1}{T}\sum_{t\in S}\left(\sum_{j\in A}r_{tj}x_j - \bar{r}_p\right)^2$

ここで、$y_t = \sum_{j\in A}r_{tj}x_j - \bar{r}_p = \sum_{j\in A}(r_{tj}-\bar{r}_j)x_j$

$(t\in S)$ と置くことによって、$\sigma_p^2 = \dfrac{1}{T}\sum_{t\in S}y_t^2$ となることから、コンパクト分解を用いた際の数式表現は以下となります。

[ポートフォリオ最適化問題（リスク尺度：分散）の数式表現 2]

最小化　　　$\dfrac{1}{T}\sum_{t\in S}y_t^2$

制約条件　　$\sum_{t\in S}x_j = 1$

$x_j \geq 0 \quad (j\in A)$

$y_t = \sum_{j\in A}(r_{tj}-\bar{r}_j)x_j \quad (t\in S)$

---

③　絶対偏差をリスク尺度とするケース

絶対偏差をリスク尺度とする場合には、日本語表現は次のとおりとなります。

[ポートフォリオ最適化問題（リスク尺度：絶対偏差）の日本語表現]

最小化　　　絶対偏差（リスク尺度）

制約条件　　投資比率の総和は 1

空売りは禁止

制約条件は、同様に、$\sum_{j \in A} x_j = 1$ と $x_j \geq 0$ $(j \in A)$ で表現できます。

目的関数に関して、絶対偏差とは期待値からの差の絶対値の平均のことであるので、次のように記述できます。

[絶対偏差の表現]

絶対偏差：$\dfrac{1}{T} \sum_{t \in S} \left| \sum_{j \in A} (r_{tj} - \bar{r}_j) x_j \right|$

ここで、便宜上 $y_t = \sum_{j \in A} (r_{tj} - \bar{r}_j) x_j$ として、絶対偏差を $\dfrac{1}{T} \sum_{t \in S} |y_t|$ と表現します。すると、問題は次のように表現できます。

最小化 $\qquad \dfrac{1}{T} \sum_{t \in S} |y_t|$

制約条件 $\qquad \sum_{j \in A} x_j = 1$

$\qquad\qquad\qquad x_j \geq 0$ $(j \in A)$

なお、$y_t = \sum_{j \in A} (r_{tj} - \bar{r}_j) x_j$ とする。

上記の数式表現では絶対値が含まれているので、そのままでは最適化問題として扱いにくいでしょう。よって、変形をして、$y_t = y_t^+ - y_t^-, y_t^+ \geq 0, y_t^- \geq 0$ とし、$|y_t| = y_t^+ + y_t^-$ として表現することで、問題の数式表現は次のようになります。

[ポートフォリオ最適化問題（リスク尺度：絶対偏差）の数式表現]

最小化 $\qquad \dfrac{1}{T} \sum_{t \in S} (y_t^+ + y_t^-)$

制約条件

$$\sum_{j \in A} x_j = 1$$

$$x_j \geq 0 \quad (j \in A)$$

$$y_t^+ \geq 0, \ y_t^- \geq 0 \quad (t \in S)$$

$$(y_t =) y_t^+ - y_t^- = \sum_{j \in A} (r_{tj} - \bar{r}_j) x_j \quad (t \in S)$$

④ 下方部分積率をリスク尺度とするケース

下方部分積率をリスク尺度とする場合には、日本語表現は以下となります。

[ポートフォリオ最適化問題(リスク尺度：下方部分積率)の日本語表現]
最小化　　　下方部分積率（リスク尺度）
制約条件　　投資比率の総和は 1
　　　　　　空売りは禁止

制約条件に関しては、$\sum_{j \in A} x_j = 1$ と $x_j \geq 0 \ (j \in A)$ で表現できます。

目的関数に関しては、下方部分積率とは目標収益率 r_G を下回る分の大きさのべき乗の平均のことです。本項では、1 次の下方部分積率（1 乗の場合）を取り上げることにすると、下方部分積率は次のように表されます。

[1 次の下方部分積率の表現 1]

$$1 \text{ 次の下方部分積率} : \frac{1}{T} \sum_{t \in S} \left\langle \sum_{j \in A} r_{tj} x_j - r_G \right\rangle_-$$

ただし、$\langle x \rangle_{-} = \begin{cases} 0 & (x \geq 0) \\ -x & (x < 0) \end{cases}$ とする。

　ここで、上記の方法では $\langle x \rangle_{-}$ という折れ線関数が含まれるため、このままでは問題が複雑となってしまいます。そこで、数式表現の工夫をします。この際、$\left\langle \sum_{j \in A} r_{ij} x_j - r_G \right\rangle_{-}$ という部分について、スラック変数の考え方を応用します。この部分については、$r_G \leq \sum_{j \in A} r_{ij} x_j$ という式の違反量と見ることができますので、$s_t (t \in S)$ という変数を導入し、1次の下方部分積率を次のように表現します。

[1次の下方部分積率の表現2]

　　1次の下方部分積率：$\dfrac{1}{T} \displaystyle\sum_{t \in S} s_t$ の最小値

　　ただし、$s_t \geq 0$ かつ $r_G \leq \displaystyle\sum_{j \in A} r_{ij} x_j + s_t$ とする。

以上のことから、問題を次のように数式表現できます。

[ポートフォリオ最適化問題（リスク尺度：1次の下方部分積率）の数式表現]

　　最小化　　　$\dfrac{1}{T} \displaystyle\sum_{t \in S} s_t$

　　制約条件　　$\displaystyle\sum_{j \in A} x_j = 1$

$$x_j \geq 0 \quad (j \in A)$$

$$s_t \geq 0 \quad (t \in S)$$

$$r_G \leq \sum_{j \in A} r_{tj} x_j + s_t \quad (t \in S)$$

なお、目標収益率 r_G はデータとして与えます。

⑤ CVaR をリスク尺度とするケース

CVaR（Conditional Value at Risk）をリスク尺度とする場合には、問題の日本語表現は次のとおりとなります。

[ポートフォリオ最適化問題（リスク尺度：CVaR）の日本語表現]

最小化　　　CVaR（リスク尺度）

制約条件　　投資比率の総和は 1

　　　　　　空売りは禁止

制約条件は、$\sum_{j \in A} x_j = 1$ と $x_j \geq 0 \quad (j \in A)$ で表現できます。

目的関数に関して、CVaR をまず説明します。CVaR とは、ポートフォリオの収益率の損失がある確率水準 β を上回るときの平均損失のことをいいます。

これを、今回の例に対応するように言い換えると、「収益率が最悪のものから k 個について取り出した際の平均値を求める」ことに相当します。なお、k は確率水準 β とサンプル数に応じて決定されることになります。CVaR 自体は平均損失なので「最小にする」ことを目的としますが、収益率が最悪のものから k 個に関する平均値については大きいほど損失が少ないということになるため、「最大にする」ことが目的となることに注意が必要で

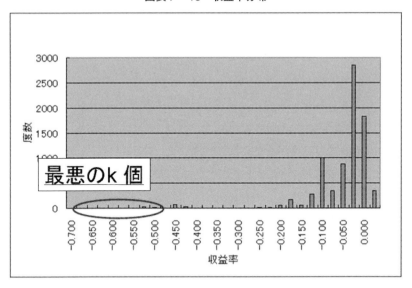

図表 7 －18　収益率分布

す。

　上記をふまえて、目的関数を数式表現します。この際、評価すべき量 $\sum_{j\in A} r_{ij} x_j$ $(t\in S)$ について小さいものから k 個の和を取って、その値が最大となるようにすることを表現します。一般に、評価量 $g_t(x)$ $(t\in S)$ について最小のものから k 個の和を最大にする場合には、次のような表現が用いられます（理由は後述）。

[最小のものから k 個の和を最大にする場合の数式表現]

最小化　　　$\sum_{t\in S} s_t + k\alpha$

制約条件　　$s_t + \alpha + g_t(x) \geq 0$ $(t\in S)$

　　　　　　$s_t \geq 0$ $(t\in S)$

なお、変数は $s_t\,(t \in S), \alpha$ である。

これを利用すると、問題を次のように数式表現できます。なお、CVaR は平均を表す量であるため、目的関数を k で割っています。

ポートフォリオ最適化問題（リスク尺度：CVaR）の数式表現]

最小化　　　$\dfrac{1}{k}\displaystyle\sum_{t \in S} s_t + \alpha$

制約条件　　$\displaystyle\sum_{j \in A} x_j = 1$

　　　　　　$x_j \geq 0 \ (j \in A)$

　　　　　　$s_t \geq 0 \ (t \in S)$

　　　　　　$s_t + \alpha + \displaystyle\sum_{j \in A} r_{tj} x_j + s_t \quad (t \in S)$

なお、k はデータとして与えます。

最後に、[**最小のものから k 個の和を最大にする場合の数式表現**] について例をもとに説明します。ここでは、例として、次のようなサンプル数が 5、$k = 2$ の場合を取り上げます。

［例］

最小化　　　$\displaystyle\sum_{i=1}^{5} s_i + 2\alpha$

制約条件　　$s_i + \alpha + g_i \geq 0 \ (i = 1, 2, 3, 4, 5)$

　　　　　　$s_i \geq 0 \ (i = 1, 2, 3, 4, 5)$

なお、$g_1 \leq g_2 \leq g_3 \leq g_4 \leq g_5$ を仮定する。

ここで、$-g_i$ $(i=1, 2, 3, 4, 5)$ と α との大小関係に応じて場合分けを行います。

[1] $-g_1 \leq \alpha$ の場合

　　まず、仮定した $g_1 \leq g_2 \leq g_3 \leq g_4 \leq g_5$ と $-g_1 \leq \alpha$ および制約条件 $s_i \geq 0$ $(i=1, 2, 3, 4, 5)$ より $s_i \geq 0 \geq -\alpha - g_i$ $(i=1, 2, 3, 4, 5)$ となることがわかります。このことと目的関数を合わせて考えると、$s_i = 0$ $(i=1, 2, 3, 4, 5)$ といえます。

　　最後に、目的関数については、$\displaystyle\sum_{i=1}^{5} s_i + 2\alpha = 2\alpha \geq -2g_1 \geq -g_1 - g_2$ となります。

[2] $-g_2 \leq \alpha \leq -g_1$ の場合

　　まず、[1] の場合と同様に考えると、$s_1 \geq -\alpha - g_1 \geq 0$ かつ $s_i \geq 0 \geq -\alpha - g_i$ $(i=2, 3, 4, 5)$ となることがわかります。このことと目的関数を合わせて考えると、$s_1 = -\alpha - g_1$ かつ $s_i = 0$ $(i=2, 3, 4, 5)$ といえます。

　　目的関数は、$\displaystyle\sum_{i=1}^{5} s_i + 2\alpha = \alpha - g_1 \geq -g_1 - g_2$ となります。

[3] $-g_3 \leq \alpha \leq -g_2$ の場合

　　[1] の場合と同様に考えると、$s_i = -\alpha - g_i$ $(i=1, 2)$ かつ $s_i = 0$ $(i=3, 4, 5)$ といえます。

　　目的関数は、$\displaystyle\sum_{i=1}^{5} s_i + 2\alpha = -g_1 - g_2$ となります。

[4] $-g_4 \leq \alpha \leq -g_3$ の場合

　　[1] の場合と同様に考えると、$s_i = -\alpha - g_i$ $(i=1, 2, 3)$ かつ $s_i = 0$ $(i=4, 5)$ といえます。

目的関数は、$\displaystyle\sum_{i=1}^{5} s_i + 2\alpha = -\alpha - g_1 - g_2 - g_3 \geq -g_1 - g_2$ となります。

[5] $-g_5 \leq \alpha \leq -g_4$ の場合

　　[1] の場合と同様に考えると、$s_i = -\alpha - g_i \, (i = 1, 2, 3, 4)$ かつ $s_5 = 0$ といえます。

　　目的関数は、$\displaystyle\sum_{i=1}^{5} s_i + 2\alpha = -2\alpha - g_1 - g_2 - g_3 - g_4 \geq -g_1 - g_2$ となります。

[6] $\alpha \leq -g_5$ の場合

　　[1] の場合と同様に考えると、$s_i = -\alpha - g_i \, (i = 1, 2, 3, 4, 5)$ といえます。

　　目的関数は、$\displaystyle\sum_{i=1}^{5} s_i + 2\alpha = -2\alpha - g_1 - g_2 - g_3 - g_4 - g_5 \geq -g_1 - g_2$ となります。

　上記 6 ケースをまとめると、α の値にかかわらず $\displaystyle\sum_{i=1}^{5} s_i + 2\alpha \geq -g_1 - g_2$ となることがわかります。目的関数を最小にしようとしているので、結局目的関数は $-g_1 - g_2$ となります。ここで、「$-g_1 - g_2$ を最小にすること」と「$g_1 + g_2$ を最大にすること」は目的関数値の符号を除き同じことであるので、この表現により $g_1 + g_2$（つまり最小のものから 2 個の和）を最大化できることがわかります。

　最後に、ここでは 6 ケースに分けて考えましたが、実際に最適化問題として解くと、解における α の値は $-g_3 \leq \alpha \leq -g_2$ の範囲内に収まることに注意しておく必要があります。

（9）　ロバストポートフォリオ最適化問題

①　ロバストポートフォリオ最適化問題とは

ポートフォリオ最適化問題を解くことにより得られたポートフォリオに関

して、期待収益率や分散・共分散のデータに擾乱があることは想定していません。このため、不確実性を含むようなデータに対して頑健な答えであるとは限りません。

ロバストポートフォリオ最適化問題では、データの不確実性を考慮した頑健なポートフォリオを得ることを目的としています。

② ロバストポートフォリオ最適化問題の数式表現

ここでは、次の典型的な平均・分散モデルに関して、頑健なポートフォリオを得ることを考えます。

[典型的な平均・分散モデルの数式表現]

最大化 $\quad \boldsymbol{\mu}^T\mathbf{x} - \lambda\mathbf{x}^T\sum\mathbf{x}$

制約条件 $\quad \mathbf{x}^T\mathbf{e} = 1$

なお、データと変数に関しては以下のとおりです。また、$\mathbf{e}$ はすべての要素が1であるベクトルとします。

（データ）

$\boldsymbol{\mu}$：期待収益率を表すベクトル

$\sum$：収益率に関する分散・共分散行列

λ：リスク回避係数

（変数）

$\mathbf{x}$：各投資対象への投資割合を表すベクトル

なお、どの要素にどのように不確実性があるかにより数式表現が変わってきますが、ここでは分散・共分散行列に不確実性があり、かつ各要素に対して次のように取りうる値の範囲がわかっている場合を取り上げます。

分散・共分散行列 $\sum$ の各要素 $\sum_{ij}$ が取りうる範囲：$\underline{\sum}_{ij} \leq \sum_{ij} \leq \overline{\sum}_{ij}$

なお、以降では行列全体について表すため $\underline{\sum} \leq \sum \leq \overline{\sum}$ と表記します。

このようなケースにおいて、ロバストポートフォリオ最適化問題は次のように記述できます。

[ロバストポートフォリオ最適化問題の記述例]

最大化 $\quad \boldsymbol{\mu}^T\mathbf{x} - \lambda \max_{\underline{\Sigma} \le \Sigma \le \overline{\Sigma}} \{\mathbf{x}^T\textstyle\sum\mathbf{x}\}$

制約条件 $\quad \mathbf{x}^T\mathbf{e} = 1$

ただし、このままでは、最大値を含む式の最大化という形になっていて扱いにくいですが、次のように半正定値計画問題として表現できることが知られています（このように表現できる理由は、次の文献を参照ください。Frank J.Fabozzi, Petter N.Kolm, Dessislava A. Pachamanova, Sergio M.Focardi, *Robust Portfolio Optimization and Management*, John Wiley & Sons, Inc., 2007.）

[ロバストポートフォリオ最適化問題の表現]

最大化 $\quad \boldsymbol{\mu}^T\mathbf{x} - \lambda(\overline{\textstyle\sum}\cdot\mathbf{U} - \underline{\textstyle\sum}\cdot\mathbf{L})$

制約条件 $\quad \mathbf{x}^T\mathbf{e} = 1$

$\begin{pmatrix} \mathbf{U} - \mathbf{L} & \mathbf{x} \\ \mathbf{x}^T & 1 \end{pmatrix}$という行列が半正定値である

$\mathbf{U}, \mathbf{L}$ の各要素は非負である

なお、$\mathbf{U}, \mathbf{L}$ は変数となる行列です。また、・は行列と行列の要素ごとの積の総和を表す演算子とします。

なお、演算子・に関して、たとえば$\begin{pmatrix} a & b \\ c & d \end{pmatrix} \cdot \begin{pmatrix} w & x \\ y & z \end{pmatrix} = aw + bx + cy + dz$ となります。

③ ロバストポートフォリオ最適化問題の SIMPLE での表現

先ほど述べた問題をモデリング言語 SIMPLE で記述すると次のようにな

ります。なお、NUOPT を用いて解く際のデータファイルの例も掲載してお
きます。

[モデルファイル]
　　// 集合と添字の宣言
　　Parameter nA; // 投資対象数
　　Sequence Asset(from = 1, to = nA);
　　Element i(set = Asset);
　　Element j(set = Asset);
　　// パラメータの宣言
　　Parameter sigL(index = (i, j)); // 分散・共分散行列の各要素の下限値
　　Parameter sigU(index = (i, j)); // 分散・共分散行列の各要素の上限値
　　Parameter lambda; // リスク回避係数
　　Parameter mu(index = i); // 期待収益率
　　// 変数の宣言
　　Variable U(index = (i, j));
　　Variable L(index = (i, j));
　　Variable x(index = i);
　　// 半正定値制約で用いる対称行列の宣言
　　Sequence V(from = 1, to = nA + 1);
　　Element v(set = V);
　　Element w(set = V);
　　SymmetricMatrix M((v, w));
　　// M の要素の定義(上三角部分のみ)
　　M[i, j] = U[i, j] − L[i, j], i < = j; // 左上(の上三角部分)
　　M[j, nA + 1] = x[j]; // 右上
　　M[nA + 1, nA + 1] = 1; // 右下

// 目的関数の宣言と定義

Objective f(type = maximize);

f = sum(mu[i]*x[i], i)-lambda*sum(sigU[i,j]*U[i,j]-sigL[i,j]*L[i,j], (i, j));

// 制約条件

M > = 0; // 半正定値制約

sum(x[i], i) == 1;

U[i,j] == U[j,i], i > j;

L[i,j] == L[j,i], i > j;

U[i,j] > = 0;

L[i,j] > = 0;

[データファイル（.csv 形式）1]

sigL	1,	2,	3,	4,	5,	6,	7,	8
1,	1.9,	−1.4,	−1,	−1,	−1,	−0.5,	−1,	0.1
2,	−1.4,	3.5,	−1.5,	0.5,	−1.2,	−1.2,	0.4,	0.6
3,	−1,	−1.5,	5,	−1.125,	1.1,	0.9,	0.3,	−0.2
4,	−1,	0.5,	−1.125,	6,	1.5,	0.4,	1.2,	−0.9
5,	−1,	−1.2,	1.1,	1.5,	4.5,	−1.4,	0.15,	−2
6,	−0.5,	−1.2,	0.9,	0.4,	−1.4,	9,	−1,	0.5
7,	−1,	0.4,	0.3,	1.2,	0.15,	−1,	5.5,	−1.25
8,	0.1,	0.6,	−0.2,	−0.9,	−2,	0.5,	−1.25,	11.5

[データファイル（.csv 形式）2]

sigU,	1,	2,	3,	4,	5,	6,	7,	8
1,	3,	1,	2.5,	−0.9,	1,	−0.4,	2.5,	2
2,	1,	4.5,	−1.4,	1.2,	0.5,	−1.1,	0.5,	2.6
3,	2.5,	−1.4,	6,	−0.5,	1.2,	1,	0.4,	−0.1
4,	−0.9,	1.2,	−0.5,	6.5,	1.6,	0.5,	1.3,	−0.8
5,	1,	0.5,	1.2,	1.6,	5.5,	−1.3,	0.16,	−1.9
6,	−0.4,	−1.1,	1,	0.5,	−1.3,	11,	−0.9,	0.6
7,	2.5,	0.5,	0.4,	1.3,	0.16,	−0.9,	6.5,	−1.2
8,	2,	2.6,	−0.1,	−0.8,	−1.9,	0.6,	−1.2,	13.5

[データファイル（.dat 形式）]

nA = 8;

lambda = 1;

mu = [1] 0.1 [2] 0.1 [3] 0.1 [4] 0.1 [5] 0.1 [6] 0.1 [7] 0.1
[8] 0.1;

第 **8** 講

データ欠損への
対応について考える

ここでは、欠損が存在するデータを補完する方法について検討します。完全データから疑似的に欠損を生成した（欠損を含む疑似的な）データを使って説明します。

　本講では、まずは、疑似データの作成方法、列のグループ化、補完アルゴリズム、評価方法といった欠損値処理の概要について紹介し、次に、疑似データの分析結果を紹介します。

 ## 分析データの作成

（1）　擬似データの作成

　完全データをもとにして、MCAR（Missing Completely At Random）、MAR（Missing At Random）、MNAR（Missing Not At Random）の発生メカニズムに従う欠損データを下記の方法で作成していきます。

①　MCAR

　補正対象列ごとにすべてのレコードからランダムに（一様分布に従って）割合 α で欠損を発生させます。

図表 8 − 1　MCAR 作成方法のイメージ

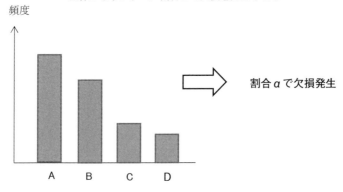

② MAR

依存変数を固定して、依存変数の値の組み合わせに従って層 i を作成し、層 i ごとに異なる発生確率 p_i で欠損を発生させます。

図表 8 − 2 　MAR 作成方法のイメージ

層ごとに異なる割合で欠損を発生させる

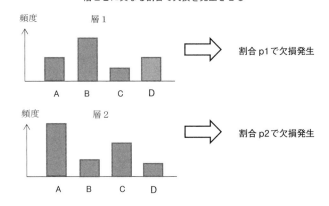

③ MNAR

補正対象変数 Y_j ごとに各カテゴリ値の値 $C_j[k]$ ごとに異なる発生確率 $p_j[k]$ で欠損を発生させます。

図表 8 − 3 　MNAR 作成方法のイメージ

カテゴリごとに異なる割合で欠損を発生させる

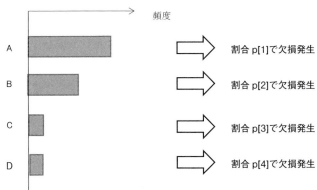

MCAR、MAR、MNAR ごとに補正対象全体で同じ欠損割合になるように α、p_i、$p_j[k]$ を調整します。

 ## カテゴリカルデータの扱い

ここでの対象データは主に数値データではなくカテゴリカルデータとします。

近代的な欠損値処理では、データの多変量分布を用いてデータの補完や統計量の推定を行います。数値データの場合には多変量正規分布を用いることが多く、カテゴリカルデータの取り扱いは難しいといえます。カテゴリカルデータを取り扱う方法には、大きく2つあります。1つは、カテゴリ変数をダミー変数として、数値データとして取り扱う方法、もう1つは、可能なすべての状態を多項分布として取り扱う方法です。

Note

状態を多項分布として取り扱う

変数が x1、x2、x3 とあり、それぞれ n1、n2、n3 のカテゴリがあったとします。この場合、状態の数は、n＝n1＊n2＊n3 通り存在することになります。

これらの状態に含まれる件数をそれぞれ独立な試行に対する成功回数として、ここでは全体を多項分布として取り扱うこととしています。

本講では、ダミー変数化して数値データとして取り扱う方法を説明します。

具体的には、次のような操作でダミー変数化します。いま、ある変数が |A, B, C| の3つのカテゴリ値を取る場合、A＝(1, 0)、B＝(0, 1)、C＝(0, 0) と置き換えることができます。

3つのカテゴリ変数なので、A＝(1, 0, 0)、B＝(0, 1, 0)、C＝(0, 0, 1) と置

き換えることもできますが、この場合には変数間の多重共線性の問題などから、多変量分布の取り扱いが難しくなるために（特に、正規分布の場合には分散共分散行列の逆行列が計算できなくなるため）、ここでは、1次元削除したダミー変数を用います。

図表8－4　カテゴリカル変数の数量化の様子

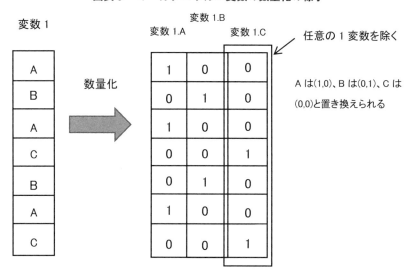

このようなダミー変数を用いた場合には、得られた結果から元のカテゴリを推定することは難しくなります。ここでもいくつかの方法が存在しますが、最も簡単な方法として、得られたダミー変数のうち最も値の大きなカテゴリを採用する方法があります。

しかし、以降で説明するように、この方法では頻度の少ないカテゴリが補完値となる頻度に偏りが発生することとなるため（数量化の際に除いた変数の頻度が極度に高くなるため）、ここではこの方法を採用しないことにします。

代わりに、本分析では、元のカテゴリに変換するのではなく、数量化した

図表 8 − 5　数量化変数の補完値の頻度

	A	B	C
	1	0	0
補完値	0.3	0.2	0.5
	1	0	0
	0	0	1
補完値	0.4	0.2	0.4
補完値	0.1	0.8	0.1
	0	0	1

頻度集計 →

A	B	C
2.8	1.2	3.0

変数を補完した実数値をその変数の頻度と考えて、その頻度をそのまま合計してカテゴリの合計頻度を算出する方法を採用します（ただし、完全データを作成する場合には、上記のように数量化したデータからカテゴリ値を推定する必要があります）。

（1）　列のグループ化

ここでの目的は、アルゴリズムを実行する際に適切に変数をまとめることです。本来はすべての変数を用いてアルゴリズムを実行したいところですが、ランク落ちの問題があり、逆にすべての変数を独立に補完すると、MCAR 以外の欠損データでは推定値に偏りが生じることになります。そのため、適度に変数をまとめる必要があります。

ここでは、列間の相関を類似度として（具体的な計算方法は後述）、階層型クラスタリングを用いて変数をまとめる処理をします。なお、事前にランク落ちの原因となる変数については変数の選択で除くこととします。

① 変数の選択

多変量正規分布を用いて欠損値補完を行う場合には、複数の列 X、Y、Z 同士が、たとえば $Z=X+Y$ などのような従属関係にある場合、分散共分散行列がランク落ちしており、逆行列を計算することができないために（多重共線性が発生するともいわれます）、補完することができなくなってしまいます。

特に2変数 X、Y の相関係数が1または−1の場合には、$Y=a+bX$ の直線関係となるために補完を行うことができません。この場合は一方の変数をアルゴリズムの補完対象から除外し、残りの変数の値で補完をします。

また、値が1つしかないような変数 X については、分散が0となり他の変数との相関係数を算出できませんが、他の変数 Y との2変数分布が一直線上に分布するので、相関係数±1の場合と同様にアルゴリズムの補完対象から除外します（アルゴリズムの補完対象から除外した変数については、1変数の正規分布を用いて補完します）。

また、値のほとんどが0または1（頻度の極端に低い、または高い）となるダミー変数についても、**図表8−6**のように NA を除いた2変数間で相関

図表8−6　頻度の極端に低い、もしくは高いダミー変数との相関

ほとんど値が1であるXとの相関係数は
Xの分散が0となるため計算できない

相関係数の計算対象

X	Y1
1	1
1	0
・・・	0
1	1
0	NA
NA	0

ほとんど値が0であるZとの相関係数は
Zの分散が0となるため計算できない

相関係数の計算対象

Z	Y2
1	NA
0	0
・・・	0
0	1
0	1
0	0

係数を算出する場合には、分散が0となる場合が多くなるため除外します。

② 相関係数行列を用いた変数のグループ化

列選択を行った後に相関係数行列を計算し、変数 X、Y の距離を $1 - abs(R_{XY})$ で定義して、階層型クラスタリングを用いて変数同士を距離の近い者同士から結合します。その結合具合を**図表8 - 7**のデンドログラム（樹形図）で確認します。なお、変数 X, Y の相関係数を計算する際には、X、Yの両方で欠損が存在しないレコードを用いて相関係数を算出します。

図表8 - 7 デンドログラム

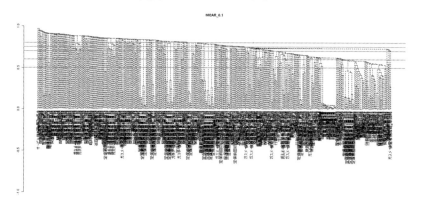

　図表8 - 7は MCAR $(\alpha = 0.1)$ によって作成した欠損データのデンドログラムの結合の様子であり、横の点線は高さ0.5、0.6、0.7、0.75、0.8を示しています。デンドログラムでは高さが小さい（距離が近い）者同士から順に結合していきます。

　高さ0.5のラインで切った線でつながっている列同士をグループ化し、さらに高さ0.6のラインで切った線でつながっている列同士をグループ化し、という作業を高さ0.7、0.75、0.8まで繰り返してグループ化していきます。高さ0.8で孤立している列（どの列ともつながらない列）に関しては、アルゴリズムを用いずに1変数の正規分布を用いて補完します。

階層型クラスタリングによってグループ化した変数内でランク落ちが発生する場合には、ランダムにグループ内で変数を選択してランク落ちが発生しないグループに分割します。

（2） 補完アルゴリズム

補完は、以下の①〜④の方法で行います。

①〜③はRパッケージを用いた補完方法で、④のEM-KMeansはVisual Mining Studio（以降VMS）に搭載された欠損値補完方法です。

① norm

② Amelia

③ mvnmle

④ EM-KMean

（3） 評価方法

① 適合度（カイ2乗値）

カイ2乗値 χ^2 は下式で算出されます。

$$\chi_2' = \sum_j \sum_k \frac{(N_{jk} - N_{jk}')^2}{N_{jk}}$$

N_{jk} は完全データの $y_j[k]$ の頻度

N_{jk}' は補完したデータの $y_j[k]$ の頻度

通常、適合度は χ_2' から算出される自由度 s の χ^2 分布の p 値で評価され、p 値が小さいほど（ χ_2' が大きいほど）補完したデータの分布が完全データの分布と有意に異なると評価されます。ただし、本講の場合は、自由度 s は補正対象 Y_j に含まれるカテゴリの個数 N_{Y_j} から下式で計算されますが、補完方法によって自由度 s は共通なのでカイ2乗値 χ_2' を評価値として用います。

$$s = \sum_{j} (N_{Y_j} - 1)$$

② 理論値から計算した信頼区間に含まれる割合

観測データから各補完対象 Y_j の各カテゴリ $y_j[k]$ の分布（割合）$p_{jk} = p(y_j[k])$ を算出し、観測データにおける Y_j 列の出現頻度 N_{jk} と欠損データ数 $N_{NA}[j]$ を用いて2項分布における95％信頼区間 $[L_{jk}, U_{jk}]$ を下記のように算出します。

$$U_{jk} = N_{jk} + qbinom(0.975, N_{NA}[j], p_{jk})$$

$$L_{jk} = N_{jk} + qbinom(0.025, N_{NA}[j], p_{jk})$$

$$qbinom(\alpha, n, p) = \min_{x \in \{0, 1, \dots, n\}} \{F(x) \geq \alpha\}$$

$$F(x) = \sum_{0 \leq y \leq x} \binom{n}{y} p^y (1-p)^{n-y}$$

※ $qbinom(\alpha, n, p)$ は二項分布 $binom(n, p)$ における α 分位点です。

図表8－8ではカテゴリAとBに関する補完結果の頻度が信頼区間を超えており、カテゴリCとDに関する補完結果の頻度が信頼区間に含まれています。

補完対象ごとの各カテゴリに対して補完結果の頻度が信頼区間を超えているかどうかを判定し、含まれている場合に1、超えている場合に0と判定して1の割合を算出することにします。

③ 層別補完に関する考察

層別に分けて補完を行う場合に、どのような方法で補完を行うのがいいのかを考えます。観測された頻度の割合に従って補完を行うことが想定されますが、この補完方法が正しいかどうかを考察します。

たとえば、3つのクラス1、2、3があるとします。それぞれ観測された頻度を N_1、N_2、N_3 とします。層別に分けたそれぞれの層では、欠損は

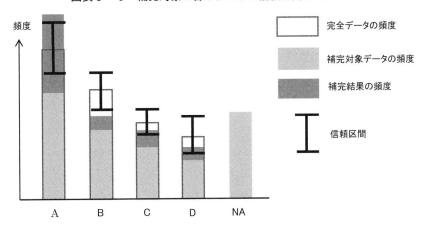

図表 8 - 8　補完対象の各カテゴリの信頼区間のイメージ

頻度

□ 完全データの頻度

▨ 補完対象データの頻度

▨ 補完結果の頻度

Ⅰ 信頼区間

A　　B　　C　　D　　NA

MCAR であると仮定します。このように仮定すると、それぞれのクラスでの欠損数は、そのクラスの数に比例することになります。

それぞれのクラスでの欠損数を δ_1、δ_2、δ_3とすると、

$$\delta_i = (N_i + \delta_i)p$$

ここで、p は全体の欠損確率です。したがって、

$$\delta_i = \frac{p}{1-p}N_i$$

となります。

いま、欠損の確率は、

$$p = \frac{N_{miss}}{\displaystyle\sum_i N_i + N_{miss}}$$

ここで N_{miss} は欠損している件数です。

実際に、欠損している件数は、

$$N_{miss} = \sum_i \delta_i$$

$$= \frac{p}{1-p} \sum_i N_i$$

欠損率 p に上式を代入すると、

$$N_{miss} = \frac{N_{miss}}{\displaystyle\sum_i N_i} \sum_i N_i$$

$$= N_{miss}$$

となり、矛盾していないことがわかります。

層別に補完をする場合のそれぞれの補完件数は、

$$\delta_i = \frac{p}{1-p} N_i$$

$$= \frac{N_{miss}}{\displaystyle\sum_i N_i} N_i$$

$$= p_i N_{miss}$$

ここで、

$$p_i = \frac{N_i}{\displaystyle\sum_i N_i}$$

p_i は観測された頻度の割合を表しており、観測された頻度の割合で補完を行うことを表しています。この時の信頼区間は、二項分布の分散から、

$$\sigma_i{}^2 = N_{miss} p_i (1 - p_i)$$

として計算することができます。

このことから、層別補完がうまくいくかどうかは、層別に分けた際にそれ

ぞれの層で MCAR の仮定が満たされているかどうかに依存していることがわかります。

④ **数値的に計算した信頼区間に含まれる割合**

前述の信頼区間は理論分布から算出したものですが、実際には、層別補完以外では、その分布に従って欠損値を補完しているために、信頼区間は層別補完での計算とは異なるはずです。この信頼区間を計算する方法として、2通りの方法で信頼区間を算出します。1つが多重代入法を用いた方法で、もう1つが bootstrap 法を用いた方法です。

多重代入法を用いた信頼区間（norm）では、まず、各アルゴリズムで推定した分布から D 個の異なる完全データセットを生成し、各完全データセット d に対して補完対象 Y_j ごとに各カテゴリ $y_j[k]$ の頻度の期待値 $\theta_{jk}[d]$ と分散 $W_{jk}[d]$ を算出します。

次に下記のように多重代入法の期待値と分散の算出方法に従い、全セットの期待値 $\overline{\theta}_{jk}$ と分散 $\overline{W}_{jk}$ を算出して信頼区間 $[L_{jk}, U_{jk}]$ を算出します。

$$\overline{\theta}_{jk} = \frac{1}{D}\sum_d \theta_{jk}[d]$$

$$W_{jk} = \frac{1}{D}\sum_d W_{jk}[d] + \frac{D+1}{D} * \frac{1}{D-1}\sum_d (\theta_{jk}[d] - \overline{\theta}_{jk})^2$$

$$L_{jk} = \overline{\theta}_{jk} - 1.96 * \overline{W}_{jk}$$

$$U_{jk} = \overline{\theta}_{jk} + 1.96 * \overline{W}_{jk}$$

ここで補完対象ごとカテゴリごとの頻度の分散 $W_{jk}[d]$ は、2項分布を仮定して期待値 $\theta_{jk}[d]$ から下記のように算出されます。

N は完全データ全体のレコード数であり、$N_{NA}[j]$ は補完対象 Y_j ごとの欠損データ数です。

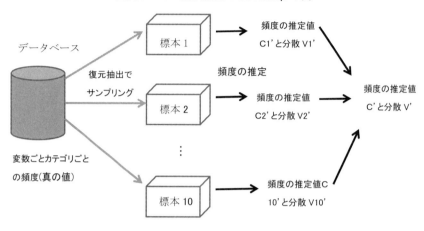

図表 8 − 9　層別補完の bootstrap の例

$$W_{jk}[d] = N_{NA}[j]\, p_{jk}[d]\,(1 - p_{jk}[d])$$

$$p_{jk}[d] = \frac{\theta_{jk}[d]}{N}$$

本分析では $D = 10$ とします。

 擬似データの分析

擬似データの分析の流れは、**図表 8 −10**のとおりです。

まずサンプリングデータから前処理を行い、完全データを作成します。次に完全データから MCAR、MAR、MNAR に従う疑似データを作成します。さらに各疑似データにおいて数量化を行い、ランク落ちを避けるための列選択・列のグループ化を行います。

列選択で除かれたデータ、およびグループ化した結果、1変数となったグループのデータについては1変数正規分布を用いて補完します。

最後にグループ化されたデータに対してアルゴリズムを適用します。ただ

し、層別補完においては数量化を行わずに補完を行い、EM-KMeans におい
てはグループ化を行わずに補完を行います。最後に1変数正規分布を用いて
補完した結果とアルゴリズムを適用して補完した結果を統合します。

図表 8 − 10　疑似データ分析の処理フロー（補完結果作成）

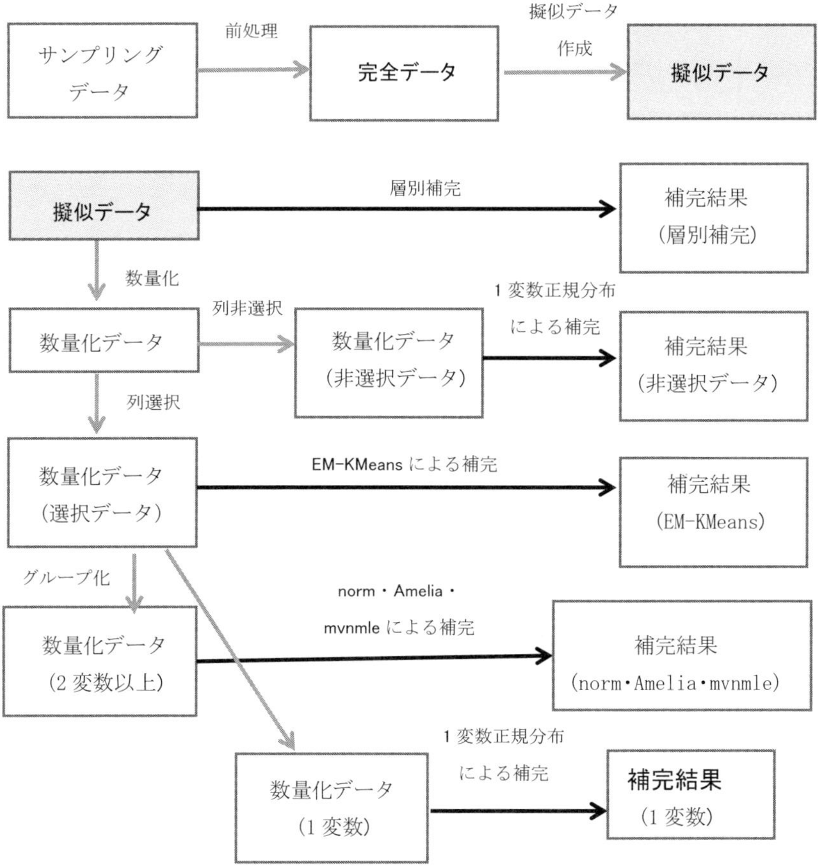

図表8−11　疑似データ分析の処理フロー（補完結果統合）

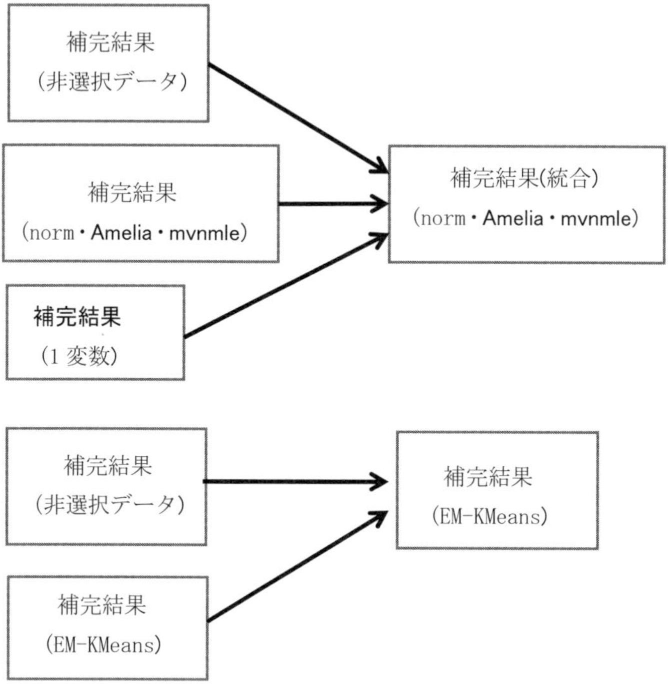

補完結果
（非選択データ）

補完結果
（norm・Amelia・mvnmle）

補完結果
（1変数）

補完結果(統合)
（norm・Amelia・mvnmle）

補完結果
（非選択データ）

補完結果
（EM-KMeans）

補完結果
（EM-KMeans）

　結果の評価は完全データと統合した補完結果を用いて行い、適合度、理論値から計算した信頼区間に含まれる割合、多重代入法によって計算した信頼区間に含まれる割合を作成して評価します。

 4　列のグループ化

　アルゴリズムを実行する際に適切に変数をまとめるため、事前にランク落ちの原因となる変数については変数の選択で除いたのちに、階層型クラスタリングで変数のグループ化を行います。

（1）　変数の選択

　値を１つしかとらない変数を除外します。また、ほとんど値が０または１（頻度の極端に低いもしくは高い）のダミー変数についても除外します。ここでは欠損を除いたデータの中で割合0.001未満のダミー変数、0.999超のダミー変数をアルゴリズムの補完対象から除外します。

（2）　相関係数行列を用いた変数のグループ化

　列選択を行った後に相関係数行列を計算し、変数 X、Y の距離を $1-abs(R_{XY})$ で定義して階層型クラスタリングを用いて変数同士を距離の近い者同士から結合します。その結合具合を以下のようなデンドログラム（樹形図）で確認します。

　また、変数 X、Y の相関係数を計算する際は、X、Y の両方で欠損が存在しないレコードを用いて相関係数を算出します。

図表 8 −12　デンドログラム（MCAR_0.1）

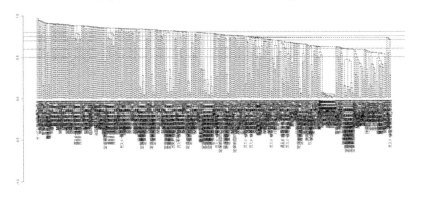

図表 8 −13 デンドログラム（MCAR_0.3）

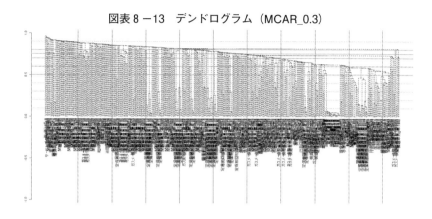

図表 8 −14 デンドログラム（MCAR_0.5）

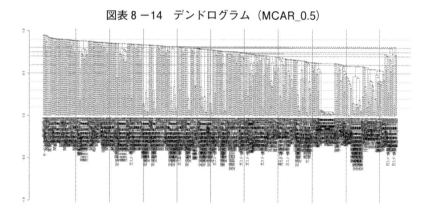

図表 8 −15　デンドログラム（MAR_0.38）

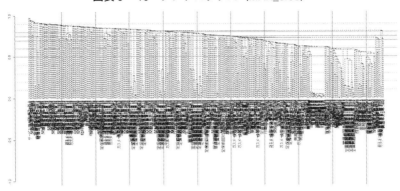

図表 8 −16　デンドログラム（MAR_1.13）

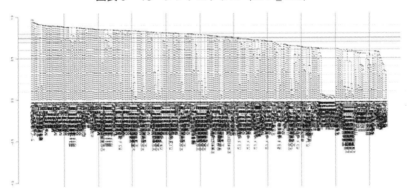

図表 8 － 17　デンドログラム（MAR_1.89）

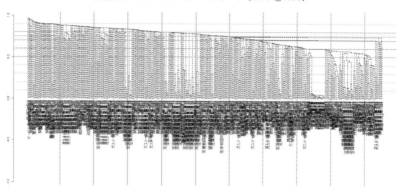

図表 8 － 18　デンドログラム（MNAR_0.36）

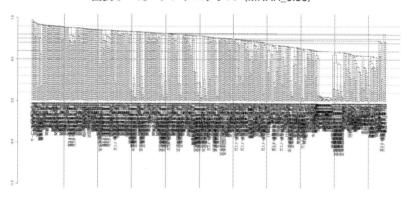

図表 8 － 19　デンドログラム（MNAR_1.08）

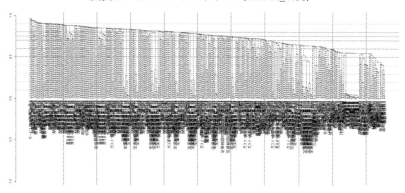

図表 8 － 20　デンドログラム（MNAR_1.80）

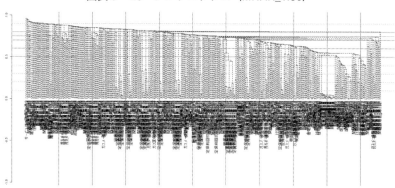

図表8-12〜8-20は、各データにおけるデンドログラムの結合の様子であり、横の点線は高さ0.5、0.6、0.7、0.75、0.8を示しています。デンドログラムでは高さが小さい（距離が近い）もの同士から順に結合していきます。

　階層型クラスタリングによってグループ化した変数内で分散共分散行列がランク落ちする場合は、ランダムにグループ内で変数を選択して分散共分散行列がランク落ちしないグループに分割します。

 ## 5　処理結果の概要

　各アルゴリズムにおいて適合度、理論値から計算した信頼区間に含まれる割合、数値的に計算した信頼区間に含まれる割合を算出しました。結果は**図表8-21、8-22**のとおりです。

　適合度で比較すると、層別補完が最も精度がよく、信頼区間に含まれる割合で比較すると、MAR、NMAR ではその他のアルゴリズムのほうが精度のよいことがあります。また、Amelia については完全データの件数が少ないにもかかわらず、補完された件数が多大であるようなカテゴリ値が存在したために（2乗されるため）適合度が巨大となっているものもあります。そのため、全体の適合度も悪くなっていることがわかります。これには、数量化の影響が考えられます。

　また、層を細かくした場合には、個々の層のノイズ（分散）が累積されて、結果的に信頼区間を外れるケースが多くなることが考えられます。このため、層が細かいために精度がよいという過剰学習の懸念は払拭されます。

　また、アルゴリズムごとに数値的に計算した信頼区間に含まれる割合は**図表8-23**のとおりです。

　図表8-23のように数値的に計算した信頼区間に含まれる割合は Amelia が特に低く、層別補完と EM-KMeans がやや高い結果となっています。信頼

図表 8 −21　アルゴリズムごと・データごとの適合度

評価結果(log(適合度))

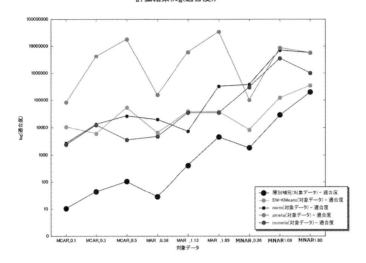

図表 8 −22　アルゴリズムごと・データごとの理論値から計算した信頼区間に含まれる割合

評価結果(信頼区間に含まれる割合)

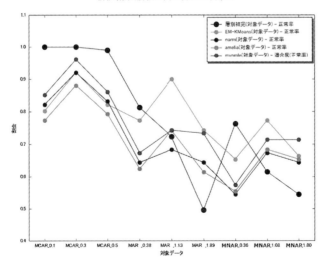

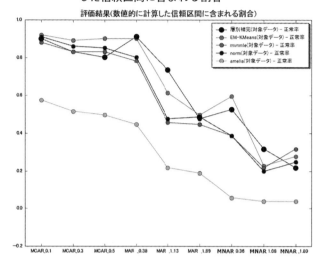

図表8−23　アルゴリズムごと・データごとの数値的に計算
した信頼区間に含まれる割合

区間の幅が同じであれば、正解値が信頼区間に含まれる割合が高いほうが精度のよいことになりますが、信頼区間の幅に注意する必要があります。

　これらの結果から、MCAR においては基本的には欠損割合が大きくなっても手法間での差異、正解値との乖離はほとんどありませんが、Amelia では他の手法との乖離が発生する場合のあることがわかります。MAR においては欠損割合が大きくなると手法間での差異、正解値との乖離が若干発生します。MNAR では欠損割合が大きくなるほど、手法間での差異が非常に目立ち、正解値との乖離が非常に大きくなることが確認できます。

 対応への考察

（1）　アウトライン

　擬似データの結果を見ると、データが MCAR に近い場合、層別補完のほうが精度がよくなることがわかります。ただし、データが MCAR であるか

MAR であるか NMAR であるかの判別は正解がないので難しいといえます。

（2） 手法間の比較

　擬似データの結果から、適合度で見ると層別補完が最もよく、理論値から計算した信頼区間に含まれる割合を見ると、MCAR の場合は層別補完が最もよく、それ以外のデータではどの手法がよいとは一概に結論できません。

　ただし、Amelia に関しては適合度も信頼区間に含まれる割合も狭いといえます。数値的な計算により作成した信頼区間の幅を見てみると、層別補完が一番狭く、Amelia が最も広く、その他のアルゴリズムでは大きな差異は見られません。

　また層別補完の場合には、層を細かく切りすぎた場合には層によるバラつきが影響して信頼区間を超える場合が増えることが確認できます。

（3） 改良への示唆
① 列方向のクラスタリングに関する考察

　列をグループ化する目的は、変数間の多重共線性により、分散共分散行列がランク落ちすることで、多変量正規分布を求めることができないという現実的な問題があるからです。

　一方で、関係のない変数を用いたとしても、結局は多変量化した効果を見込むことはできないために、ある程度似ている変数をまとめる必要があることがわかります。

　そこで、本講では、列方向のクラスタリングは、列間の相関係数を用い（1－|相関係数| を非類似度として）、階層型クラスタリングを行い、その際のデンドログラムの様子から似ている列をまとめるということを行いました。

　しかし、この方法では、似ている変数をまとめるために、まとめた変数グ

ループ内でランク落ちが起きる可能性があり、その場合には、ランク落ちが起きないようにグループをランダムに分けるということを行いました。また、似ているものからまとめた結果、どれとも似ていない変数セットもできてしまうという問題点もあります。

　欠損値処理では、あまり多くの変数（100変数など）を用いて分布を推定すると効率が悪くなることもあります。一方で、MARやMNARでは、補助変数を導入することで、MCARな状況を作り出す必要もあるため、多くの変数を導入したほうがよいということもあり得ます。

　学術論文などによれば、相関係数が0.5あたりの変数を、補助変数として導入するとよいとする報告もあります。これを実現する方法としては、あまり相関の高くない変数に対しては、その中で最も相関の高い変数を優先的に選択させることで、ある程度のグループを作ることもできます。この場合には、距離の近いほうからではなく、遠いほうからまとめていくイメージとなります。

②　数量化についての考察

　norm、Amelia、mvnmle、EM-KMeansを用いて補完する場合には、カテゴリ列を数量化して多次元正規分布として扱います。この数量化変数が**図表8－24**のような正規分布をしている場合には、補完値として0未満および、1超の値を取る可能性があります。

　数量化変数の値を対応するカテゴリの出現確率と考えると、0以上1以下の値を取ることはなく、1から数量化変数の合計値を引いた値が数量化で除いた変数の出現確率となることが妥当と考えられますが、正規分布を用いて補完した場合には、その他の変数の補完値によっては出現頻度から大きく外れた値で補完される可能性があります。

　これを避けるためには、数量化によって変数を除かないで列のグループ化によって分散共分散行列がランク落ちしないグループに分けることが、その対応として考えられます。

図表 8 −24　数量化変数の分布

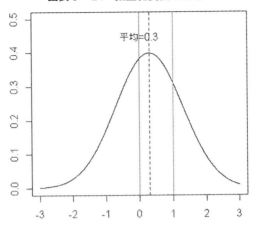

図表 8 −25　数量化で除かれた変数の補完値の頻度

	A	B	C	
				数量化で除かれた変数
	1	0	0	
補完値	5.1	2.2	−6.3	
	1	0	0	
	0	0	1	
補完値	−1.1	−3.2	5.3	
補完値	−0.1	−0.8	1.9	
	0	0	1	

【付録】

手法の補足解説

（1）　bootstrap 法

母集団の統計量をサンプリングして得られた近似分布を用いて推定する手法です。

母集団から n 回復元抽出を行い、サンプルデータを n 個作成します。各サンプルデータ i に対して統計量の推定を行い、n 個の推定値 $C'_1, \cdots, C'_n$ を用いて母集団の統計量 C の推定値 C' を算出するものです。

図表 9 − 1　bootstrap 法のイメージ

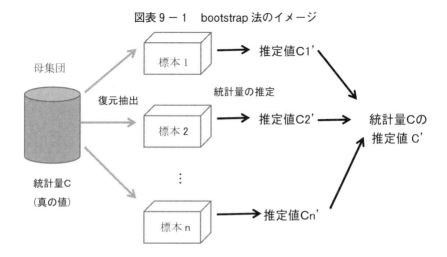

（2）　階層型クラスタリング

このアルゴリズムでは、最初の状態では、すべてのデータは独立したクラスタであるとみなして、距離の近いものからクラスタをマージしていきます。すべてのデータが1つのクラスタにマージされるまで、これを繰り返します。

個々のデータ間の距離は Manhattan、Euclud、Cosine の中から選択することができます。クラスタ間の距離は以下の基準から選択します（本書中では最近隣法を採用しています）。

① 最近隣法

最も近いデータが近いクラスタをマージするものです。

図表 9 － 2　最近隣法におけるクラスタ間の距離

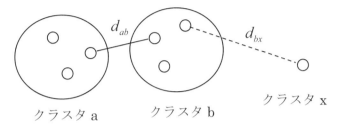

一定の方向に長いチェーン状のクラスタが生成される傾向があります。

図表 9 － 3　最近隣法のクラスタの傾向

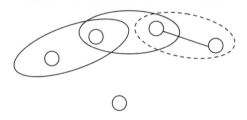

② 最遠隣法

最も遠いデータが近いクラスタをマージします。

図表 9 － 4　最遠隣法におけるクラスタ間の距離

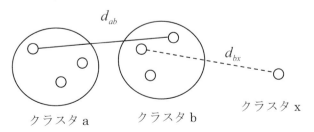

集団のクラスタが生成される傾向があります。

図表 9 - 5　最遠隣法のクラスタの傾向

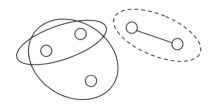

③　中心法

中心値が近いクラスタをマージします。マージするクラスタをa、bとして、マージ後のクラスタをcとし、それ以外のクラスタをxとしたときに、cとxとの距離は、以下のようになります。

$$d_{xc} = \frac{n_a}{n_c}d_{xa} + \frac{n_b}{n_c}d_{xb} - \frac{n_a n_b}{n_c^2}d_{ab}$$

ただし、aとbが両方ともクラスタ数1の場合（単一のデータ点の場合）には、d_{ab} は Manhattan、Euclid、Cosine で計算した値となります。

図表 9 - 6　クラスタ間の距離に関連する値

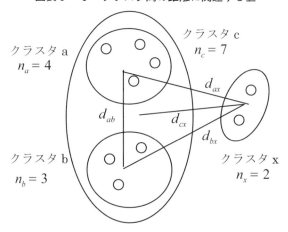

④ 平均法

平均値が近いクラスタをマージします。マージするクラスタをa、bとして、マージ後のクラスタをcとし、それ以外のクラスタをxとしたときに、cとxとの距離は、以下となります。

$$d_{xc} = \frac{n_a}{n_c} d_{xa} + \frac{n_b}{n_c} d_{xb}$$

⑤ メジアン法

中央値が近いクラスタをマージします。マージするクラスタをa、bとして、マージ後のクラスタをcとし、それ以外のクラスタをxとしたときに、cとxとの距離は、以下となります。

$$d_{xc} = \frac{1}{2} d_{xa} + \frac{1}{2} d_{xb} - \frac{1}{4} d_{ab}$$

⑥ Ward法

偏差の平方和を最小化するようにマージします。マージするクラスタをa、bとして、マージ後のクラスタをcとし、それ以外のクラスタをxとしたときに、cとxとの距離は、以下のようになります。

$$d_{xc} = \frac{n_a n_x}{n_x n_c} d_{xa} + \frac{n_b n_x}{n_x n_c} d_{xb} - \frac{n_x}{n_x + n_c} d_{ab}$$

階層型クラスタリングではデータの結合の様子をデンドログラム（**図表9－7**）で表します。

デンドログラムでは距離の近いデータ（クラスタ）同士から順に結合されて新たなクラスタを形成し、最終的にすべてのデータが1つのクラスタにまとまります。

縦棒の長さが結合されるクラスタ同士の距離を表します。図表9－7においてデンドログラムを実線（クラスタ＝2）で区切った場合、2つのクラスタに分かれます。クラスタ数の指定はデンドログラムを見て指定することが

できます。通常は、縦棒が長い位置でクラスタを分けます。

図表 9 − 7　デンドログラム（Euclid、Ward 法）

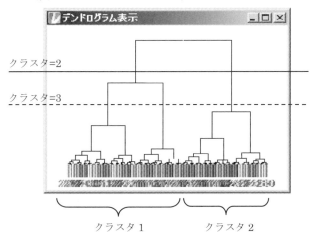

クラスタ間の距離計算方法を変えた場合には、**図表 9 − 8 〜 9 −10**に示すようにデンドログラムは変化します。

図表 9 − 8　デンドログラム（Euclid、最遠隣法）

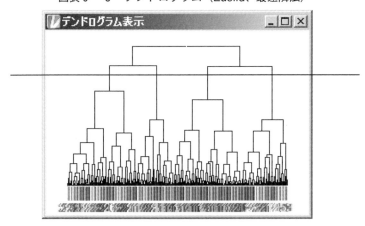

図表 9 － 9　　デンドログラム（Euclid、最近隣法）

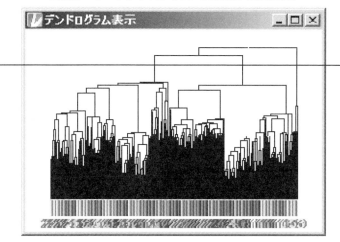

図表 9 －10　　デンドログラム（Euclid、平均法）

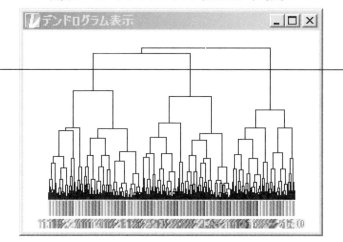

　上記によるクラスタリング結果は**図表 9 －11～ 9 －14**となります。

図表 9 −11　クラスタ結果（Euclid、Ward 法）

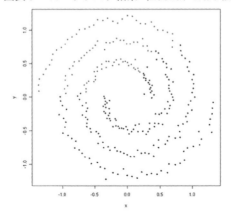

図表 9 −12　クラスタ結果（Euclid、最遠隣法）

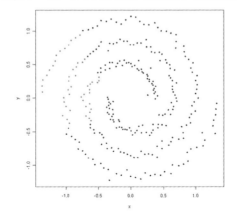

図表 9 － 13　クラスタ結果（Euclid、最近隣法）

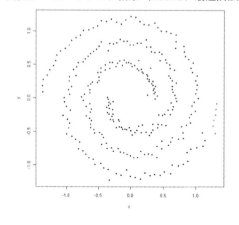

図表 9 － 14　クラスタ結果（Euclid、平均法）

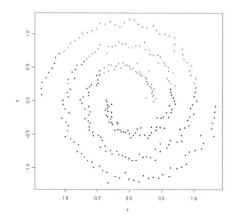

（3）　OPTICS

　OPTICS は、データを多次元空間内の点とみなしたときに、密度の濃い領域をクラスタとみなす密度ベースのクラスタリング法です。

　このクラスタリング法では、K-Means 法のような分割方法と違い、分割するクラスタの個数を指定せずに、その代わりに、密度を測定する近傍の範囲（近傍値）、core-object であると識別する最小のデータ数（最小データ数）を指定します。

　core-object とは、自分自身の近傍値内に、最小データ数以上のデータが含まれるようなデータ点のことをいいます。クラスタの構築は、core-object 同士をつなげていく（閾値内に入っている core-object 同士を同一のクラスタに属するとみなす）ことで行います。どの core-object ともつながらないデータは noise とみなします。

　この方法では、すべてのデータに対して近傍の探索を行います。そのため、効率のよい近傍探索法が必要になります。ここでは、事前に M-Tree と

図表 9 － 15　core-object（最小データ数＝5 の場合）の例

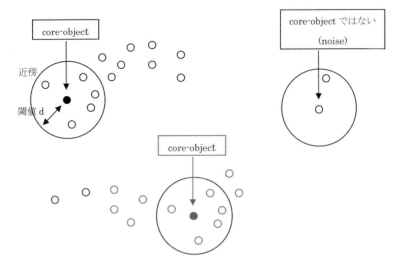

呼ばれる探索木を構築し、それに対して Range Query を行うことで近傍の探索を行います。

　出力は、Ordered File と Cluster File の 2 種類のファイルがあります。Ordered File では、データ ID,reachability,core distance,ClusterID を reachability の小さい順に並べたものを出力します。Cluster File は入力データにクラス識別子を付加したファイルを出力します。

　reachability からクラスタへの分割は閾値を用いて行います。Ordered File において、閾値以上の reachability で分けられたデータは別のクラスタに属すると判定します。core distance は、データが core object であるときに、core object であるための最小の距離で、core object でなければ定義されません。reachability は、データから見た一番近い core object への距離と core distance との大きいほうで、core object でなければ定義されません。この方法では、Partitioning Method のクラスタリングに比べて複雑な形状のクラスタの識別が行えますが、すべてのデータ点に対して近傍の探索を行うため、計算時間がかかります。

図表 9 － 16　core-distance と reachability

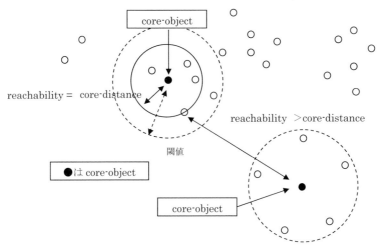

近傍値を変えた場合と、最小データ数を変えた場合には、**図表 9 −17**、9 −18のように reachablity、およびクラスタ結果は変化します。

図表 9 −17　reachability 最小データ数＝ 3 、近傍値＝0.5

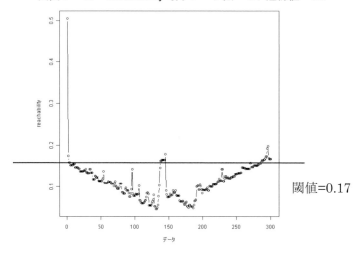

閾値=0.17

図表 9 −18　クラスタ結果最小データ数＝ 3 、近傍値＝0.5、閾値＝0.17

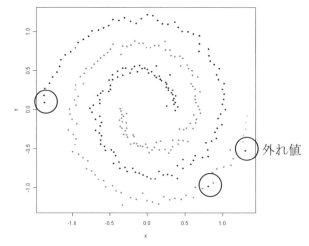

外れ値

OPTICS で使用する距離関数として、manhattan、euclid、cosine の 3 種類を検討します。距離関数の選択によって近傍が異なるため、クラスタリングの様子も異なります。それぞれの距離の定義は以下となります。

① **manhattan**

$$\text{manhattan}(x, y) = \sum_i |x_i - y_i|$$

碁盤の目状の街並みでの 2 点間の道のりに相当します。

② **Euclid**

$$\text{euclid}(x, y) = \sqrt{\sum_i (x_i - y_i)^2}$$

日常的に使われる「普通の」距離です。

③ **cosine**

$$\text{cosine}(x, y) = 1 - \frac{x \cdot y}{|x| \, |y|}$$

x·y はベクトルの内積、|x| はベクトルの長さを表します。

2 つのベクトルの向きの違いを表現します。距離計算の中で正規化されるため、ベクトルの長さが大きく異なっていても、方向さえ一致していれば距離は 0 になります。

OPTICS のパラメータには、以下の 3 種類があります。

・近傍値
　コアオブジェクトを作成するために探索する近傍の距離
・最小データ数
　コアオブジェクトとみなされるための最小データ数
・閾値
　クラスタに分割するための reachability の閾値

図表 9 −19　reachability 最小データ数＝ 7 、近傍値＝1.0

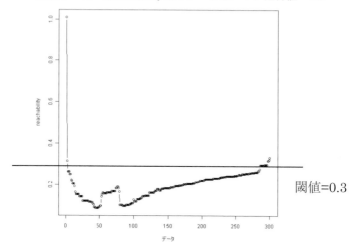

閾値=0.3

図表 9 −20　クラスタ結果最小データ数＝ 7 、
近傍値＝1.0、閾値＝0.3

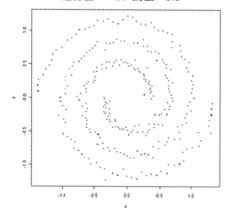

（4）多目的決定木

通常の決定木では、目的変数は1つだけですが、多目的決定木では複数の数値属性の変数を目的変数として用いることができます。決定木の作成は、ある基準の下での最良の分岐変数と分岐値を求めます。このアルゴリズムは通常の決定木と同様です。

多目的決定木における基準は、目的変数を数値列とした場合の決定木を拡張したものとなっています。いま、目的変数を $\alpha = |a_1, a_2, \cdots|$ とします。目的変数が複数あった場合の平均と残差平方和は、

$$mean(a) = \{mean(a_1), mean(a_2, \cdots)$$

$$= \left(\frac{1}{|S|} \sum a_{1i}, \frac{1}{|S|} \sum a_{2i}, \cdots \right)$$

$$d(a) = \sum (a_i - mean(a_i))^2$$

となります。ここで、S はノードのデータ集合です。

S の子ノードのデータ集合を S_i、$i = 1, 2, 3 \cdots$ とすると、分割による改善度は、

$$gain(S, A) = \frac{d(S) - \sum d(S_i)}{|S|}$$

で定義されます。ここで A は説明変数を表します。多目的決定木では、すべての可能な変数とその分岐値に対して改善度を計算し、最も高い改善度の分割が選ばれることになります。

（5）区分多項式クラスタリング

本書で使用した区分多項式クラスタリング（第4講）は、考え方としてはK-Means法と同様で、中心値を区分多項式で表現したところと、レコード単位での割振りではなく家庭単位でクラスタに割り振る点が異なります。

アルゴリズムは以下のとおりです。

① 初期値選択

　ランダムにクラスタ数分の家庭を選択し、それぞれの家庭に対して区分多項式を当てはめます。

② 個々の家庭のクラスタへの割り振り

　個々の家庭とクラスタ中心である区分多項式の残差平方和を計算し、もっと残差平方和の小さいクラスタにその家庭を割り振ります。

③ クラスタに割り振られた家庭の情報を用いて区分多項式を用いてクラスタ中心を求めます。

④ これを繰り返します。

　クラスタ中心を求めるのに平均値を用いるのではなく、区分多項式でのフィッティングを行うところが K-Means 法と異なるところです。

（6） 確率的潜在クラスモデル

　確率的潜在クラスモデルでは、2つの属性の共起の情報からクラスタリングを行います。通常は、このようなデータがあった場合には、ある属性をレコードとみなし、別な属性を次元とし、その共起の頻度を値とした多次元ベクトルとみなしてクラスタリングを行うことが考えられます。このとき、属性数が非常に多い場合や、頻度に0が多くデータがスパースである場合にはクラスタリングがうまくいきません。確率的潜在クラスモデルでは、この際に、潜在的なクラスを考え、個々の属性はこの潜在クラスから得られると考えるモデルです。

　確率的潜在クラスモデルでは、ある属性を $X = (X_1, X_2, \cdots)$ とし、別な属性を $Y = (Y_1, Y_2, \cdots)$ とし、潜在クラスを $Z = (Z_1, Z_2, \cdots)$ とすると、ある属性がある別な属性と共起する確率（同時発生確率）を、以下の条件付き確率

の積で表現して計算します。

$$P(X_m, Y_n) = \sum P(Z_j)P(X_m|Z_j)P(Y_n|Z_j)$$

ここで $P(Z_j)$ は潜在クラスが表れる確率、$P(X_m|Z_j)$ は潜在クラスが Z_j であるときに X_m となる条件付き確率で、$P(Y_n|Z_j)$ は潜在クラスが Z_j である時に Y_n となる条件付き確率です。この式からわかるように、このクラスタリングでは2つの属性を同時にクラスタリングすることができます。

たとえば、文書と単語という2つの属性を考えた場合に、潜在クラスは話題（topic）を表すとするモデルとして利用されることが多く、topic モデルと呼ばれることもあります。このモデルでは、ある文書にはいくつかの話題が含まれており、それぞれの話題によって出現する単語に違いがある、という状況を表現するのに適しています。

本書の例では、ある家庭にはいくつかの生活習慣があり、その生活習慣により現れるパターンや、分類のための規則が異なるとして、その生活習慣を求めるモデルとしています。

確率的潜在クラスモデルにおいて、潜在クラスの数はユーザが指定する必要があります。

参考文献

『統計学入門』東京大学教養学部統計学教室編、東京大学出版会

『新しい人工知能 発展編』前田 隆、青木文夫著、オーム社

『線形計画法』今野 浩著、日科技連出版社

『OR の基礎』加藤 豊、小沢正典著、実教出版

『数理計画法による問題解決法』新村秀一著、日科技連出版社

『わかりやすい数理計画法』坂和正敏、矢野 均、西崎一郎著、森北出版

『オペレーションズ・リサーチ』森雅夫、松井知己著、朝倉書店

『組合せ最適化 第 2 版』B. コルテ、J. フィーゲン著、丸善出版

■著者

坂本　松昭（さかもと　まつあき）

情報経営イノベーション専門職大学 客員教授。

専門は、データサイエンス、マーケティング、経営管理。大企業および中小企業向けのコンサルティングを数多く実施し、これまでに200以上の企業の業績を大幅に向上させてきた。早くより企業経営のあらゆる側面にデータサイエンスを取り入れ、定量的な分析に基づく企業改革をけん引。特に、業務改革、組織改革、マーケティング改革には定評がある。近年は、マーケティング活動の中に OODA ループの思考法を取り入れることで、マーケティングの枠を超えた企業育成にも取り組んでいる。難解なデータサイエンスを易しく教える伝道師でもある。

主な著書：『誰がやってもうまくいく！最強の組織づくり』（同友館）、『今すぐできて成果が上がる 最強の職場改善』（きずな出版）、『誰がやってもうまくいく！最強のマーケティング OODA』（同友館）。

2020年9月15日　第1刷発行

データ分析をビジネスで使う！
基礎から学ぶデータサイエンス講座

著　者　坂　本　松　昭
発行者　脇　坂　康　弘

発行所　株式会社　同友館

東京都文京区本郷 3-38-1
郵便番号　113-0033
電話　03（3813）3966
FAX　03（3818）2774
https : //www.doyukan.co.jp/

落丁・乱丁本はお取替え致します。
ISBN 978-4-496-05495-2

藤原印刷
Printed in Japan